Bayern

La Bavière · Bavaria

Bayern
La Bavière · Bavaria

Text: Manfred Pielmeier
Fotos: Gregor M. Schmid

SIGLOCH EDITION

Frontispiz auf Seite 2/3:
Wer wollte dort nicht mitgleiten, auf dem Schwaigsee nahe der berühmten Wieskirche im oberbayerischen Pfaffenwinkel, den Blick schweifen lassen zum nahen Saum der Alpen? Diese Landschaft entspricht gewiß dem Urlaubstraum vieler, nur mit schneearmen Wintern mag man sich noch nicht recht abfinden.

Frontispice, pages 2 et 3:
Le Schwaigsee, près de la célèbre église de la Wies, est un endroit idéal pour les patineurs. C'est aussi pour beaucoup une région de vacances par excellence même si l'on souhaiterait y voir en hiver un peu plus de neige que ces dernières années.

Frontispiece, pages 2/3:
Ideal skating conditions on Lake Schwaig, near the famous Wies Church in the Bavarian Alpine Foreland, about 45 km from Garmisch-Partenkirchen. This is the holiday land for many people, although some would like to see more snow than recent winters have provided.

Inhalt

Impressionen 6

Bayerns Spur durch die Jahrhunderte 16

Das moderne Bayern, ein Aufsteiger 26

Franken: Wein-, Bier- und Bäderland 42

Die Oberpfalz, die Stein- oder Kartoffelpfalz 66

Niederbayern: Korn, Hopfen und »gesunde Fünf« 82

Schwaben: weißes Gold, Schrothkur, hohe Gipfel 96

Oberbayern, nicht nur Alpenglühen und Kirchenglanz 122

Bayerns Kunst – einfach unverwechselbar 154

Bayerisch sein und bayerisch leben 178

Register, Impressum 190

Sommaire

Impressions 6

Les traces de la Bavière à travers les siècles 16

La Bavière moderne, une battante 26

La Franconie: le pays du vin, de la bière et des stations thermales 42

Le Haut-Palatinat, le Palatinat des pierres ou des pommes de terre 66

La Basse-Bavière, le blé, le houblon et les «cinq salutaires» 82

La Souabe: du lait en abondance, des stations de cure, des sommets élevés 96

La Haute-Bavière, bien plus qu'une région touristique 122

Les arts en Bavière 154

Les Bavarois: qui sont-ils? 178

Index alphabétique 190

Contents

Impressions 6

Bavaria through the centuries 16

Modern Bavaria: a rising star 26

Franconia: wine, beer, and water 42

The Upper Palatinate, alias the Stone or Potato Palatinate 66

Lower Bavaria: corn, hops, and the "Healthy Five" 82

Swabia: dairy farms, health resorts, and high peaks 96

Upper Bavaria: much more than just a vacation land 122

The arts in Bavaria 154

Who are the Bavarians? 178

Alphabetical Index 190

Impressionen

Bayern – ein Traum in Landschaft. Aus seinen Wäldern, Seen, Flüssen und Gebirgen wuchsen einst Märchen, Traumlandschaften der Kindheit. Heute noch treiben Hexe, Kobold, Waldschrat, Berggeist, Zauberer und Zwerg geheimnisvolle Blüten in der Welt kindlicher Phantasie. Wilhelm Hauffs Räubergeschichte »Das Wirtshaus im Spessart« löst kindliche Schauder aus, lehrt Gruseln. Zum Märchen gesellen sich Sagen, die sich um Schlösser, Burgen und Ruinen des bayerischen Landes ranken.
Bayern, Land der Waldgebirge. In den riesigen Wäldern des Spessarts mit seinen uralten Baumbeständen aus Eichen und Buchen werden Schweigen und Ruhe des Bergwaldes erlebbar. Über den Basaltkuppen der Rhön, jenen erstarrten Zeugen einer vulkanischen Vergangenheit, ziehen lautlose Segler ihre kunstvollen Kreise. Im dunklen Fichtelgebirge mit seinem Felsgewirr erweist sich die Natur in Gestalt der Verwitterung als Zauberer: Bizarre Felsgebilde, Labyrinthe im Felsenmeer lösen Staunen aus, ließen einst Goethe zur Feder greifen. Vom Fichtelgebirge lösen sich die klaren Bergwasser zu ihrem Lauf in alle vier Himmelsrichtungen, sammeln sich zu Flüssen und Strömen.
Das Fichtelgebirge, Gebirgsknoten auch. Zunächst nach Süden ziehend, dann nach Westen abschweifend die Fränkisch-Schwäbische Alb. Zum Zauber der geheimnisvollen Tropfsteinhöhlen und der nadelförmigen Jurakalksteingebilde der Fränkischen Alb, jener Miniaturschweiz, gesellen sich im südlichen Teil die Kalkschieferbrüche mit ihren versteinerten Botschaften aus uralten Zeiten.

Impressions

La Bavière – un pays de rêve où les forêts, les lacs, les rivières et les montagnes ont inspiré une multitude de contes – les paysages de rêve de l'enfance. Aujourd'hui encore sorcières, lutins, farfadets, esprits, magiciens et nains peuplent l'univers imaginaire des enfants. L'histoire des bandits de Wilhelm Hauff dans l'auberge de la forêt du Spessart donne toujours le frisson aux enfants. Et aux contes s'ajoutent les légendes associées aux châteaux, forteresses et ruines de la région bavaroise.
La Bavière – un pays de forêts et de montagnes. Dans les immenses forêts du Spessart avec leurs vieux chênes et leurs hêtres, le silence et le calme règnent en maître. Au-dessus des sommets de basalte de la Rhön, ces témoins figés d'un passé volcanique, des planeurs décrivent leurs cercles en silence. Dans le Fichtelgebirge, sombre et rocheux, la nature révèle ses talents de sculpteur: d'étranges formations rocheuses, des labyrinthes dans une mer de roches étonnent toujours le visiteur comme ils ont étonné Goethe au XVIIIe siècle. De l'eau claire descend de la montagne pour former des rivières qui s'en vont en direction des quatre points cardinaux.
Le Fichtelgebirge est un point central d'où partent d'autres chaînes de montagnes, en direction du sud d'abord, puis de l'ouest pour former l'Alb souabe franconienne. On y trouve d'étranges grottes de stalactites et de stalagmites et les formations jurassiques de l'Alb franconienne, cette Suisse en miniature, et dans la partie sud des carrières d'ardoise avec leurs

Impressions

Bavaria – land of dreams, whose forests, lakes, rivers, and mountains have inspired countless fairytales – the dream landscapes of childhood. Witches, goblins, sprites, gnomes, magicians, and dwarfs still populate the fantasy world of today's children. Wilhelm Hauff's story of the robbers at the inn in the Spessart Forest is still a favourite with children. And in addition to the fairytales there are the numerous legends associated with the palaces and castles dotted about the Bavarian countryside.
Bavaria – land of forests and mountains. In the vast woodlands of the Spessart region, with their ancient oaks and beeches, the silence and tranquillity of the mountain forest still reigns supreme. Above the basalt hilltops of the Rhön region, those monumental witnesses of a volcanic age long past, gliders circle silently. In the dark, rocky Fichtel Mountains, nature reveals her skill as a sculptor: bizarre rock formations, stony labyrinths, and boulder-fields still astonish visitors, as they did Goethe in the 18th century. Clear mountain streams ripple down the Fichtel Mountains to form rivers that flow to the four points of the compass.
The Fichtel Mountains are the centre from which other ranges radiate – southwards at first, and then westwards to form the Franconian and Swabian Uplands. There are the mysterious stalactitic caves and limestone crags in the Jurassic formations of the Franconian Uplands, that miniature Switzerland, and, further south, the famous Solnhofen quarries with their fossilized messages from times long past.

Anders das ostbayerische Grenzgebirge aus Oberpfälzer Wald und Bayerischem Wald, das sich vom Fichtelgebirge aus südostwärts erstreckt. Hat auch der Mensch Hand an ihn gelegt, noch gibt es riesige Waldgebiete. Sie gilt es zu schützen. In zahlreichen Naturschutzgebieten werden Landschaft, Wald und Tierwelt »konserviert«: Restbestandswahrung. Und dann noch Bayerns größtes erdgeschichtliches Naturdenkmal: der Pfahl, jene 150 Kilometer lange Quarzstein- und Granitmauer, vor 350 Millionen Jahren aufgeworfen. Teufelsmauer einst in der Vorstellung der Altvorderen, Touristenziel heute wie der Urwaldlehrpfad, wie waldgeschichtliche Wandergebiete und nicht zuletzt wie der Further Drachenstich, das mit 500 Jahren älteste deutsche Volksschauspiel.

Bayern, natürlich auch ein Land mächtiger Felsgebirgsketten, tosender Wildbäche, donnernder Lawinen, einsamer Gletscherseen, Land der stillen Bergpfade, doch auch der gefährlichen Klettersteige, der Grate, der klaffenden Waldschneisen, die dem Wintersport und den Naturkatastrophen gleichermaßen Tür und Tor öffnen.

Bayern, ein Land der Postkartenidyllen. Im Morgen- und Abendrot, im klaren Licht des Föhns, im verschwommen-sommerlichen Glast und unter weißblauem Himmel das Alpenpanorama bald rötlich-violett verbrämt, bald bläulich-gletscherglasig, dann wieder felssteindunkel drohend. Mächtig darüber emporragend die Königin der Bayerischen Alpen, die Zugspitze. Auf ihrem Gipfel soll einst ein Geistervogel – halb Adler, halb Geier – gehaust haben, der jeden, der den Berg zu besteigen versuchte, in den Tod stürzte. Wer ihn bezwänge, so die Sage, dem erschlössen sich alle Schätze des Berginnern. Längst ist das geschehen. Dem bayerischen Leutnant Joseph Naus gelang 1820 der Sturm auf den Gipfel; der Unbezwingbare war besiegt, der Geistervogel ins Reich der Sage entschwebt.

Bayern, ein Land der weitläufigen Moränenhügel, der darin eingebetteten Seen, von Wiesen und Wäldern umgeben, Fischerdörfer

messages pétrifiés d'une époque très ancienne. Tout à fait différent est le massif frontalier est-bavarois composé de la Forêt du Haut-Palatinat et de la Forêt de Bavière qui s'étend en direction du sud-est à partir du Fichtelgebirge. Bien que l'homme soit passé par là, il reste encore d'immenses étendues de forêts qu'il convient de protéger. En fait, il existe de nombreux sites protégés où le paysage, la forêt, la flore et la faune sont «conservés». Et puis il y a le plus grand monument géologique de la Bavière: le Pfahl (le Pal), ce couloir de quartz et de granit de 150 kilomètres de long formé voici 350 millions d'années. Le Mur du Diable, comme on l'appelait autrefois, est aujourd'hui un but touristique au même titre que les différents sentiers instructifs qui sillonnent la forêt et le «Drachenstich», la Mise à mort du Dragon, à Furth, une fête folklorique dont la tradition date de 500 ans et qui est ainsi la plus ancienne d'Allemagne.

La Bavière est bien entendu aussi un pays d'imposantes chaînes de montagnes, de torrents impétueux, d'avalanches mugissantes, de lacs de glaciers solitaires, de sentiers de montagne silencieux mais aussi de routes d'escalade dangereuses, de crêtes vertigineuses et de trouées aménagées dans les forêts pour les sports d'hiver mais qui ouvrent également la porte aux catastrophes naturelles.

La Bavière – un pays d'idylles de cartes postales avec un panorama alpin illuminé par le lever ou le coucher du soleil, éclairé par le föhn, baigné dans la lumière du soleil d'été sous un ciel tout bleu ponctué de nuages blancs virant au pourpre ou devenant d'un bleu glacé puis de nouveau d'un ton foncé menaçant. Surplombant le tout, la reine des Alpes bavaroises, la Zugspitze. Son sommet aurait autrefois été habité par un étrange oiseau, mi-aigle, mi-vautour qui envoyait à une mort certaine tous ceux qui tentaient d'escalader la montagne. La légende voulait que celui qui y parviendrait accéderait à tous les trésors enfouis dans la montagne. Celle-ci a été conquise depuis longtemps. En 1820, le lieutenant bavarois Joseph Naus est parvenu au sommet; l'indomptable avait été

The character of the east-Bavarian border mountains, consisting of the Upper Palatinate Forest and the Bavarian Forest, and extending south-eastwards from the Fichtel Mountains, is quite different. Although man has wrought many changes here, there are still immense stretches of forest. They must be protected, and, in fact, there are already many conservation areas in which what still survives of the natural countryside, and the flora and fauna, are "preserved". And then there is Bavaria's greatest geological monument: the "Pfahl", a 150-kilometre-long quartz and granite dyke, formed 350 million years ago. The Devil's Wall, as it used to be called, is now a tourist attraction – as are the various instructional trails through the forest, and the Dragon Slaying Pageant at Furth, Germany's oldest folk play, dating back 500 years.

Bavaria – bordered in the south by the Alps, with all the romance of the high mountains: rushing torrents, thundering avalanches, and lonely glacial lakes, quiet mountain paths and hazardous climbing routes, vertiginous ridges, and gaping forest clearings ideal for winter sports but also conducive to natural catastrophes such as avalanches and mud slides.

Bavaria – land of picture-postcard idylls, with the alpine panorama softly illuminated by the rising or setting sun, bathed in brilliant light when the *föhn* wind is blowing, caught in the hazy radiance of high summer under a blue sky dotted with clouds, tinged a reddish-violet or glacial-blue, or, at times, an intimidating adamantine brown. Towering above the whole range is the queen of the Bavarian Alps, the Zugspitze. Legend has it that a strange bird, half eagle, half vulture, once inhabited the peak and cast down to their death all those who tried to climb the mountain. Anyone who did succeed in climbing to the summit, the legend said, would gain all the treasures concealed within the mountain. The Zugspitze has long since been conquered: Lieutenant Joseph Naus, of the Bavarian army, reached the top in 1820; the undefeatable was defeated, the mysterious bird banned to the realm of myth.

einst an den Ufern, die sich nicht selten zu Städten erweitert haben. Der Starnberger See, schlösserumrankt, Lustort einst der kurfürstlichen Hofhaltung mit Buzentaur, Seejagden und Seefesten; klösterlich dagegen der Ammersee. An seinem Ufer weltbekannt der Heilige Berg mit Kloster Andechs, Wallfahrtsort und Biermetropole in einem: Im Bräustüberl trifft sich die Welt.
Wo die Moränenhügel zur Schotterebene abflachen, bietet sich an den Ufern der Isar die Bayernmetropole wie auf einem Präsentierteller dar: München, die »Weltstadt mit Herz«, die Schlösserstadt mit einer Residenz, die ihresgleichen in Europa sucht. München – heute ein Name mit internationalem Klang, eine Stadt, die als »Millionendorf« ihrer bäuerlich-bürgerlichen Herkunft treu geblieben ist, die aber auch als »heimliche Hauptstadt Deutschlands« und als »Isar-Athen« ihre Tore der Welt geöffnet hat. Unübersehbar ihr Wahrzeichen, die beiden mit welschen Hauben bestückten Türme der Frauenkirche. »München leuchtet«, das geflügelte Wort des Dichters Jakob Balde, von Thomas Mann später in seiner Erzählung »Gladius Dei« aufgegriffen, hat seine Gültigkeit bewahrt.
Bayern, Land der gegenläufigen Flüsse, der ostwärts strömenden Donau und des westwärts mäandernden Mains. Aus Nord und Süd eilen Bäche und Flüsse der Dachrinne Bayerns, der Donau zu, vereinen ihre Wasser mit dem Mutterstrom, um gemeinsam den Weg zum Schwarzen Meer anzutreten. An den Ufern ziehen Riede und Moose, felsdurchsetztes Waldhügelland, fruchtbare Ackerfluren vorüber. Städte mit klangvollen Namen wechseln mit stillen Dörfern auf dem Weg des Stroms.
Anders der Main: Er, die Schlange, wie ihn die Römer nannten, windet sich in großen Schleifen dem Rhein entgegen. Es ist, als wolle er möglichst viel des weinträchtigen, sonnigen, fruchtbaren Landes umfangen. Sein Lauf gleicht im großen dem torkelnden Gang eines weinseligen Genießers. Mainland ist Weinland, ein wohlklingender Reim. Und auch an seinen Ufern waldreiche Mittelgebirgshänge,

vaincu, le mystérieux oiseau relégué au royaume des légendes.
La Bavière – un pays de vastes collines morainiques encastrant des lacs entourés de prairies et de forêts, aux rives parsemées de villages de pêcheurs qui sont souvent devenus de petites villes. Le lac de Starnberg environné de châteaux, lieu d'élection autrefois des souverains bavarois qui y avaient leur bateau, le «Buzentaur» et organisaient des parties de chasse et des festivités sur le lac. A proximité le Ammersee qui, lui, était le domaine des moines. Sur sa rive se dresse le «Mont sacré» couronné par l'abbaye d'Andechs, à la fois lieu de pèlerinage et métropole de la bière.
A l'endroit où les collines morainiques s'affaissent en direction d'un plateau de gravier traversé par l'Isar se trouve la capitale de la Bavière: Munich, la «métropole avec un cœur», la «ville des palais». Tout en jouissant d'une réputation internationale, Munich, «le village d'un million d'habitants», comme on l'appelle familièrement, est resté fidèle à ses origines mi-paysannes mi-bourgeoises mais en tant que «capitale secrète de l'Allemagne», l'«Athène des bords de l'Isar» a ouvert ses portes au monde. Le symbole de Munich, les deux tours bulbeuses de sa cathédrale, domine la ville. «Munich brille», la phrase du poète Jakob Balde, reprise par Thomas Mann dans son récit «Gladius Dei», s'applique encore aujourd'hui.
La Bavière – pays de rivières et de fleuves: le Danube qui coule vers l'est, et le Main qui serpente en direction de l'ouest. Ruisseaux et rivières se précipitent du nord et du sud en direction du principal cours d'eau de la Bavière, le Danube, et viennent grossir ses eaux qui se dirigent vers la mer Noire. Ses berges sont ourlées de roseaux et de mousses, de collines boisées et de champs fertiles; des villes aux noms prestigieux alternent avec des villages paisibles.
Le Main est différent: le «serpent», comme les Romains l'appelaient, décrit une série de larges méandres en direction du Rhin. On croirait qu'il veut étreindre sur son chemin le plus possible de terres fertiles, ensoleillées, couvertes de

Bavaria – in the Alpine Foreland region a tapestry of meadows, woods, and lakes whose shores are strung with fishing villages, now often grown into small towns. Lake Starnberg, for example, with its nearby castles and palaces, once the playground of the Bavarian rulers; they kept their great pleasure-boat, the "Buzentaur", there, and organized shoots and festivities on the lake. Nearby Ammersee, on the other hand, was more the precinct of the monks: from its shore rises the famous "sacred hill", crowned by Andechs Monastery – a place of pilgrimage and of excellent monastery-brewed beer.
At the northern fringe of the Alpine Foreland, where the hills give way to a gravel plateau cut through by the Isar, lies the Bavarian capital: Munich, the "metropolis with a heart", the "city of palaces". Although internationally renowned, Munich, "the village with a million inhabitants", as it is affectionately called, has preserved something of its rustic-bourgeois character, and yet, as "Germany's secret capital", as the "Athens on the Isar", has opened its gates to the world. The city's symbol – the twin towers of the cathedral topped with onion-shaped roofs – dominates the skyline. "Munich shines", the phrase invented by the 16th century poet Jakob Balde, and taken up by Thomas Mann in his story "Gladius Dei", still applies today.
Bavaria – land of rivers: the Danube, flowing eastwards, and the Main, winding westwards. Rivers and streams flow down from the north and south to Bavaria's main watercourse, the Danube, swelling the mainstream as it heads for the Black Sea. Its banks are lined with marshes and bogs, rocky, wooded hills, and fertile fields; towns with names renowned in history alternate with quiet villages.
The Main is different: the "Snake", as the Romans called it, meanders in a series of great bends towards the Rhine. It gives the impression of wanting to embrace as much as possible of the fertile, sunny, wine-growing countryside on its way. Its course resembles the unsteady gait of a wine-lover in his cups. "Mainland is wineland" conveniently rhymes in

geschichtsträchtige Städte, Dörfer, deren Namen sich auf den Etiketten dickbauchiger Bocksbeutel wiederfinden.
All das ist Bayern – und mehr noch als diese Andeutungen, ein Land, von dem man gerne träumen kann.

vignes. Son cours ressemble à la démarche chancelante de quelqu'un qui aurait trop caressé la dive bouteille. La région du Main est une région de vignobles. Les rives du fleuve sont bordées de collines boisées, de villes historiques, de villages dont les noms se retrouvent sur les étiquettes des curieuses bouteilles en forme de gourdes appelées «Bocksbeutel» (outres de bouc) où l'on conserve les vins de Franconie.
Tout cela, c'est la Bavière – et c'est encore plus que cela, c'est un pays dont on peut rêver.

German. The banks of the Main are lined with forested hills and historical towns, and dotted with villages whose names appear on the labels of the characteristic flat-sided Franconian wine-bottles.
All that is Bavaria – but there is far more to it than can be touched on here; it is a country to explore and to dream about.

Kapelle im Feld
An der Olympiastraße von Weilheim nach Murnau liegt in der Nähe des Dorfes Etting die Kapelle Sankt Andreas im Feld, ein harmonisch in die Natur eingeflochtenes Glaubensbekenntnis.
Das Tal der Wiesent
lädt in seiner romantischen Verträumtheit zu einer beschaulichen Wanderung ein.

Chapelle au milieu des champs
C'est sur la route olympique de Weilheim à Murnau, près du village d'Etting, que se trouve la chapelle Sankt Andreas im Feld harmonieusement intégrée dans le paysage.
La vallée de la Wiesent
au charme romantique convie à une promenade contemplative.

Chapel in a field
On the "Olympic Highway" between Weilheim and Murnau, near the village of Etting, is the Chapel of St Andrew-in-the-Field, delightfully integrated in the surrounding countryside.
The Wiesent Valley
– an invitation to a romantic country walk.

Am Rohrsee
Rohrsee heißt der verschilfte nördliche Teil des Kochelsees, der einst fast zehnmal so groß war wie heute. Hier verläßt die Loisach den See in Richtung Norden. Die Schönheit des Kochelseegebiets veranlaßte einst Franz Marc und seine Frau, ins nahe Sindelsdorf zu ziehen. Dort entstanden einige seiner Meisterwerke.

Sur les bords du Rohrsee
Rohrsee est le nom donné à la partie septentrionale entourée de roseaux du Kochelsee, qui fut autrefois presque dix fois plus grand qu'aujourd'hui. C'est ici que la Loisach quitte le lac en direction du nord. La beauté de cette région avait incité Franz Marc et sa femme à s'installer tout près du lac à Sindelsdorf. Le peintre y a réalisé quelques-uns de ses chefs-d'œuvre.

On Lake Rohr
Lake Rohr is the name of the sedgy northern part of Lake Kochel, which was at one time ten times its present size. This is where the River Loisach flows out of the lake on its journey northwards. The beauty of the Lake Kochel area persuaded the artist Franz Marc to settle in nearby Sindelsdorf, where he painted a number of his masterpieces.

Sonntagmorgen irgendwo
Viele verbinden mit »Frühschoppen« gerne solch sonnige Plätzchen, wo Männer, wie hier in der oberbayerischen Scheffau, in heiße Diskussionen vertieft sind. Und manche würden sich wohl dazu setzen, um mitzumischen, wenn es um Höhen und Tiefen in Sport und Politik geht.

Dimanche matin quelque part
Nombreux sont ceux qui associent volontiers la «chope du matin» à ce genre d'endroit ensoleillé où, comme ici à Scheffau, en Haute-Bavière, les hommes sont plongés dans des discussions animées où il est question des hauts et des bas du sport ou de la politique.

Sunday morning somewhere in Bavaria
The ritual Sunday morning pint in Upper Bavaria provides an opportunity for a good chin-wag. Typical themes: local affairs and the latest sports and political events.

Katholisches Bayern
Eine gewisse Feierlichkeit umgibt diese Bilder: der Oberammergauer Holzschnitzer als Passionsspieler, die Heimsuchung Mariens in der berühmten Wallfahrtskirche auf dem Bogenberg und die Frauen aus dem Rottal mit Goldhauben, dem Kopfputz zu besonderen Anlässen.

La Bavière catholique
Ces images sont empreintes d'une certaine solennité: le sculpteur sur bois et acteur dans le drame de la Passion représenté à Oberammergau, la Visitation de la Vierge dans la célèbre église de pèlerinage sur le Bogenberg et les femmes de la vallée de la Rott avec leurs coiffes dorées qu'elles arborent les jours de fête.

Catholic Bavaria
Pictures that reflect something of Bavaria's piety and traditions: an Oberammergau Passion Play performer, by trade a wood-carver; the Visitation of Our Lady in the famous Bogenberg pilgrimage church, Lower Bavaria; and the golden hats of the women from the Rott Valley, part of their traditional regional costume.

Bayerns Spur durch die Jahrhunderte

Bayerns Spur reicht bis in die Steinzeit zurück. Siedlungen vor allem in Franken und Niederbayern lassen sich bereits Ende des 5. Jahrhunderts v. Chr. feststellen. Kelten waren es, die in der späten Bronzezeit auch den Raum des heutigen Bayern beherrschten. 300 v. Chr. erreichten sie ihre höchste Macht. Viereckschanzen, etwa zweihundert in Süddeutschland, geben heute noch Kunde von diesem Volk.
15 v. Chr. unterlagen die Kelten den Römern, die nun ihre fünfhundert Jahre währende Herrschaft über das Alpenvorland antraten. Zeugen jener Zeit: der römische Grenzwall mit Kastellen, römische Städtegründungen wie Kempten, Augsburg, Regensburg; außerdem römische Heerstraßen, Villen, Wegkreuze und anderes mehr. Einfälle der Alemannen, die in zunehmendem Maße den Limes durchbrachen, gefährdeten immer mehr die römische Herrschaft. Sie endete an der Wende vom 5. zum 6. Jahrhundert.
Danach bildete sich im Raum zwischen Donau, Lech und Alpen – etwa im Gebiet des heutigen Ober- und Niederbayern – ein neuer Stamm. Namensgeber waren die Bajuwaren, genannt auch Bayern oder Baiern. Die Schreibung mit y ist weit jüngeren Datums und geht auf König Ludwig I. (1825–1848) zurück. Heute zählen zu Bayern auch Franken und Bayerisch-Schwaben. Diese Regionen waren noch bis zum Beginn des 19. Jahrhunderts weitgehend selbständig.
Die Herkunft der Bajuwaren, nein: Bayern, oder doch (?): Baiern ist umstritten. Neuerer Forschung nach soll es sich um die Verschmelzung

Les traces de la Bavière à travers les siècles

Les traces de la Bavière remontent jusqu'à l'âge de pierre. Des peuplement ont existé dès la fin du Ve siècle avant J.-C. surtout en Franconie et en Basse-Bavière. A la fin de l'âge de bronze, ce sont les Celtes qui régnaient également sur le territoire de l'actuelle Bavière. 300 ans avant J.-C., ils étaient à l'épogée de leur puissance. Des fortifications quadrangulaires, deux cents environ en Allemagne du Sud, témoignent aujourd'hui encore de leur présence à cette époque.
En l'an 15 avant J.-C., les Celtes furent vaincus par les Romains qui allaient régner pendant cinq siècles sur la région des Préalpes. Témoins de cette époque: le limes fortifié avec ses castels, des villes fondées par les Romains comme Kempten, Augsbourg, Ratisbonne, mais aussi des voies militaires romaines, des villas, des croix des champs entre autres. Des incursions des Alamans, qui franchissent de plus en plus souvent le limes, vont mettre en danger la domination romaine qui s'achève au tournant du Ve au VIe siècle.
Une nouvelle tribu va alors se constituer dans l'espace compris entre le Danube, le Lech et les Alpes – et qui correspond à peu près à la région de l'actuelle Haute et Basse-Bavière. Elle prend le nom des Bajuvares appelés également Baïuvarii ou Boiarii. Aujourd'hui, la Bavière comprend également la Franconie et la Souabe bavaroise, des régions en grande partie indépendantes jusqu'au début du XIXe siècle.
L'origine des Bajuvares est controversée. Selon des recherches récentes, il s'agirait de la fusion de Bajuvares venus de l'Est avec la population

Bavaria through the centuries

Bavaria's history dates back to the Stone Age. Settlements are known to have existed from as early as the end of the 5th century BC, especially in Franconia and Lower Bavaria. In the late Bronze Age it was the Celts who dominated the territory now known as Bavaria. They reached the peak of their power in about 300 BC. Square forts – about two-hundred of them in south Germany – still bear witness to that period.
In 15 BC the Celts were conquered by the Romans, whose period of domination of the region north of the Alps was to last for five hundred years. There are many relics of the Roman period: the Roman wall, or *limes*, with its forts; cities founded by the Romans, such as Kempten, Augsburg, and Regensburg; Roman military roads; villas, and wayside crosses. Incursions by the Alamanni, who repeatedly broached the limes, steadily eroded the Roman rule, which finally came to an end at the turn of the 5th to the 6th century.
After that a new tribe – the Bajuwari, or Bavarians – established itself in the region bordered by the Danube, the Lech, and the Alps, or roughly the area now occupied by Upper and Lower Bavaria. Today the State of Bavaria also includes Franconia and Bavarian Swabia, which were largely independent until the beginning of the 19th century. The origins of the Bavarians are still a matter of debate. Recent research suggests that they were the outcome of a mingling of the German Bajuwari invading from the east with the remains of the Roman population. By the 6th century, the Agilolfingian family had

der vom Osten eindringenden Bajuwaren mit der verbliebenen romanischen Restbevölkerung gehandelt haben.
Bereits im 6. Jahrhundert führten die Agilolfinger zunächst als Amts-, dann als Stammesherzöge das neue Stammesherzogtum. In der Lex Baiuvariorum wird als erster bayerischer Herzog Garibald I. genannt. Er gehörte dem Geschlecht der Merowinger an, deren Herrschaft bis 788 währte. Ihre Missionspolitik führte die fränkischen Bischöfe Emmeram, Korbinian und Rupert ins Land. Als Missionare lebten sie gefährlich. So starb der hl. Emmeram den Märtyrertod. War es aber wirklich einer? Emmeram soll zugegeben haben, Uta, die Tochter Herzog Theodos geschwängert zu haben. Fest steht, daß ihn ihr Bruder mit seinen Schergen verfolgte, ihn foltern und verstümmeln ließ, so daß er bald darauf in Feldkirchen bei Rosenheim verstarb. War Emmeram schuldig, was umstritten ist, so war das sicher der erste Skandal um einen Bischof. Maßgeblichen Anteil an der Missionierung hatten auch der angelsächsische Bischof Bonifatius und im 8. Jahrhundert die Benediktinerklöster.
Wie zu allen Zeiten waren auch damals Krieg, Fremdenhaß und Grausamkeit die üblen Weggenossen des Menschen. So forderte ein erfolgloser Kriegszug der Bayern gegen die Slawen zweitausend Opfer. Ein Thronfolgestreit zwischen den ursprünglich miteinander befreundeten Awaren und Bulgaren führte zum Krieg. Die Bulgaren unterlagen, flüchteten nach Bayern, wurden dort auf des Frankenkönigs Dagobert Rat hin aufgenommen, bis er, Dagobert, eine Bleibe in seinem Land für sie gefunden habe. Doch dann schien er sich anders besonnen zu haben: Er befahl den Bayern, die Bulgaren zu ermorden, was sie auch prompt ausführten. Nur siebenhundert Männer, Frauen und Kinder überlebten das Massaker. Wo blieb da das so geheiligte Gastrecht der Germanen?
Der letzte Agilolfinger, Tassilo III., wurde von Karl dem Großen abgesetzt und samt seiner Familie ins Kloster geschickt. Das Stammesherzogtum war dem Karolinger zu mächtig

romaine restante. Dès le VIe siècle, les ducs de la maison des Agilolfingiens règnent sur le nouveau duché des Bavarois. La Lex Baiuvariorum mentionne comme premier duc bavarois Garibald Ier. Il appartenait à la famille des Mérovingiens qui régnèrent jusqu'en 788. Les évêques francs, Emmeram, Korbinian et Rupert évangélisèrent le pays. Les missionnaires menaient une vie dangereuse à l'époque. C'est ainsi que saint Emmeram mourut martyr. Mais en fut-il vraiment un? Emmeram aurait reconnu avoir mis enceinte de ses œuvres Uta, la fille du duc Theodos. Le fait est que le frère de celle-ci le poursuivit avec ses hommes de main, le fit torturer et mutiler de telle façon qu'il mourut bientôt à Feldkirchen près de Rosenheim. Emmeram était-il coupable? La question reste controversée, mais ce fut en tout cas le premier scandale à propos d'un évêque. L'évêque anglo-saxon Bonifacius et, au VIIIe siècle, les couvents de bénédictins jouèrent également un rôle important dans l'évangélisation du pays.
La fois-là également, comme de tout temps, la guerre, la xénophobie et la cruauté faisaient partie de la vie des gens. C'est ainsi qu'une campagne militaire sans succès des Bavarois contre les Slaves fit deux mille victimes. Un conflit de succession au trône entre les Avars et les Bulgares, à l'origine amis, entraîna une guerre. Les Bulgares furent vaincus, fuirent en Bavière où, sur le conseil de Dagobert, le roi des Francs, on les recueillit jusqu'à ce que Dagobert ait pu trouver un endroit où les accueillir dans son pays. Mais là, il semble qu'il ait changé d'avis car il ordonna aux Bavarois de massacrer les Bulgares, ce qu'ils firent sans tarder. Sept cents hommes, femmes et enfants seulement survécurent au carnage. Qu'était-il adevenu du droit d'hospitalité si sacré des Germains?
Le dernier des Agilolfingiens, Thassilo III, fut déposé par Charlemagne et envoyé dans un couvent avec toute sa famille. Son duché était devenu trop puissant aux yeux du Carolingien. En outre, les liens de parenté entre les Agilolfingiens et les Langobards, les ennemis mortels

established itself as the rulers of Bavaria – at first by grace of the Frankish kings, and later as hereditary dukes. The 8th century "Lex Baiuvariorum" names Garibald I as the first Bavarian duke. He belonged to the Merovingian family, which remained in power until 788. Their missionizing zeal brought the Frankish bishops Emmeram, Korbinian, and Rupert to Bavaria. Missionaries lived dangerously in those days – and Emmeram suffered a martyr's death. But was he really one? He is said to have admitted getting Uta, the daughter of Duke Theodos, with child. It is known that her brother and his men-at-arms pursued and caught him, tortured and mutilated him so badly that he died soon after in Feldkirchen near Rosenheim. If Emmeram was guilty – which is a matter of debate – then that was certainly the first scandal attaching to a bishop. Other important missionizing work in Bavaria was done by the Anglo-Saxon bishop Boniface and, in the 8th century, by the Benedictine monasteries.
At that time, as throughout the ages, war, xenophobia, and cruelty were mankind's evil companions. An unsuccessful campaign against the neighbouring Slavs, for example, cost the Bavarians two thousand lives. At another time, a war of succession broke out between the Avars and Bulgars. The Bulgars were defeated, fled to Bavaria, and were given asylum there on the advice of Dagobert, King of the Franks, with the assurance that he would find land for them in his own kingdom. But then he seems to have changed his mind. He instructed the Bavarians to massacre the Bulgars, which they promptly did. Only seven hundred men, women, and children survived. A fine example of the guest's right to hospitality so sacred to the Germanic tribes!
The last Agilolfingian ruler, Tassilo III, was deposed by Charlemagne, the King of the Franks, and banished to a monastery, as were all the members of his family. The hereditary dukedom had become too powerful for Charlemagne's comfort. He also distrusted the family connections between the Agilolfingians and the Langobards, who were deadly enemies of the

geworden. Außerdem störten ihn die verwandtschaftlichen Beziehungen der Agilolfinger zu den Langobarden, den Todfeinden der Franken. Bayern war nun zur fränkischen Reichsprovinz herabgesunken.
In der Mitte des 10. Jahrhunderts finden wir es fest in das Reichsgebiet Ottos des Großen eingegliedert. Unterschiedliche Herrscherhäuser stellten in der Folge die Herzöge, zuletzt die Welfen. Ihr Abgang mit Heinrich dem Löwen war würdelos. Er, ein Ränkeschmied, neidete dem Freisinger Bischof den Zoll, den eine Isarbrücke ihm eintrug. Deshalb ließ er die Brücke des Bischofs abreißen, eine eigene isaraufwärts errichten und durch ein Lager schützen. Aus dem Lager wuchs die Stadt München; Pate hatte ein Gewaltakt gestanden. Doch die Strafe blieb nicht aus. Kaiser Barbarossa ächtete Heinrich. Bayern war den Welfen verloren.
Nun traten die Wittelsbacher ihre über siebenhundert Jahre dauernde Herrschaft über Bayern an. Im Fall einer ihrer mächtigsten Gegner, der Grafen von Andechs, die wie sie im heutigen Landkreis Starnberg saßen, kam den Wittelsbachern ein Mord zur Hilfe. Otto von Wittelsbach, ein Vetter Herzog Ludwigs I., ermordete König Philipp während der Hochzeit eines Andechser Grafen. Die Andechser, fälschlich des Mordes beschuldigt, wurden geächtet und starben binnen eines halben Jahrhunderts aus, obwohl sie inzwischen rehabilitiert worden waren. Damit war der Weg der Herrschaft für die Wittelsbacher weitgehend frei.
Aus Landmehrung und Landverlust bestand in den folgenden Jahrhunderten das Wechselspiel ihrer Politik. Unter Otto II. wuchs Bayern zum größten Territorialherzogtum in Deutschland. Eine einheitliche Gesetzgebung sollte das Ganze zusammenhalten. Dies wäre um so nötiger gewesen, als 1214 noch die Rheinpfalz zu Bayern kam. Aufgrund des im Mittelalter bis in die Neuzeit herrschenden dynastischen Prinzips war ja ein Herzogtum praktisch Familieneigentum des Herrscherhauses. So kam es durch Tausch, Erbfolge und Heirat immer wieder zu Gebietsänderungen mit Landmehrungen oder auch Verlusten. Zum Beispiel teilten die

des Francs, le dérangaient. La Bavière était désormais ramenée au rang de province impériale franque.
Au milieu du Xe siècle, nous la trouvons bien intégrée dans le royaume d'Othon le Grand. Les ducs qui se succèdent à sa tête appartiennent à différentes dynasties, la dernière étant celle des Guelfes. Sa fin avec Henri le Lion est dépourvue de grandeur. Henri le Lion, un intrigant, voulait accaparer le droit de péage dont bénéficiait l'évêque de Freising sur la route du sel qui passait l'Isar par un pont lui appartenant. Il fit donc détruire le pont de l'évêque et en ériger un autre fortifié par un camp en amont de la rivière. De ce camp allait naître la ville de Munich. Un acte de violence avait présidé à sa naissance mais celui-ci ne devait pas rester impuni. Frédéric Barberousse bannit Henri le Lion. La Bavière était perdue pour les Guelfes.
Commence alors le règne des Wittelsbach sur la Bavière, un règne qui va durer plus de sept cents ans. Leurs plus puissants adversaires sont les comtes d'Andechs, qui comme eux résident dans ce qui est aujourd'hui le district de Starnberg. Un meurtre va régler le conflit entre les deux familles. Othon de Wittelsbach, un cousin du duc Louis Ier, tue le roi Philippe pendant le mariage d'un comte d'Andechs. Les Andechsois, accusés à tort du crime, sont bannis et, en dépit de leur réhabilitation entretemps, leur dynastie meurt dans l'espace d'un demi-siècle. Les Wittelsbach ont ainsi le champ libre pour régner.
Au cours des siècles suivants, leur politique est faite d'une alternance d'accroissements et de pertes de territoires. Sous Othon II, la Bavière devient le plus grand duché d'Allemagne. Une législation uniforme devait assurer la cohésion de l'ensemble. Cela aurait été d'autant plus nécessaire qu'en 1214 le Palatinat rhénan allait s'ajouter à la Bavière. En raison du principe dynastique en vigueur depuis le moyen âge jusqu'aux temps modernes, un duché était en effet pratiquement la propriété familiale de la maison régnante. D'où les modifications territoriales incessantes accompagnées d'augmen-

Franks. So Bavaria was now reduced to the status of a province of the Frankish empire.
In the middle of the 10th century it was an integral part of the Holy Roman Empire under Otto the Great. Various noble families succeeded to the ducal throne, the last being the Guelphs, whose rule came to an undignified end under Heinrich the Lion. He was an intriguer who envied the Bishop of Freising for the income he received from a toll-bridge across the Isar. Heinrich had the bishop's bridge torn down, and erected his own further up the Isar; he set up a military camp to guard the bridge, and out of this camp grew the town of Munich – so the later capital of Bavaria was born of an act of violence. The deed was punished, however: Emperor Barbarossa banished Heinrich, and the Guelphs lost Bavaria.
Now the House of Wittelsbach began its seven-hundred-year rule in Bavaria. Its most powerful opponents were the Counts of Andechs, who, like the Wittelsbachs, were established in the region which is now the District of Starnberg. A murder settled the conflict between the two families. Otto von Wittelsbach, a cousin of Duke Ludwig I of Bavaria, murdered King Philipp at a wedding of an Andechs count. The Andechs family, falsely accused of the murder, were banished, and, although they had by then been rehabilitated, the line died out within half a century, thus largely clearing the way for the Wittelsbachs.
The following centuries were marked by losses and gains of territory in keeping with Bavaria's political fortunes. In the mid-13th century, under Otto II, Bavaria expanded to become the largest territorial dukedom in Germany. A unified system of laws was needed to hold the country together. This became even more essential when the Rhenish Palatinate was added to the Bavarian dominions in 1214. As a result of the dynastic principle, which obtained in Europe from the Middle Ages into modern times, a dukedom was for all practical purposes the family property of the ruling house. Thus, exchange of properties, succession, and

Bewahrtes Mittelalter in Rothenburg
Ob am Georgsbrunnen vor der Marienapotheke oder in einem der zahllosen prächtigen Gebäude und Winkel – es gibt hier viel zu bewundern.

Rothenburg, cité médiévale
Les endroits à admirer abondent ici, que ce soit la fontaine Saint-Georges devant la Marienapotheke ou un des nombreux édifices et coins prestigieux de la ville.

Medieval Rothenburg
Few towns in Europe have so perfectly preserved the atmosphere and architecture of the 16th century.

Brüder Ludwig II. und Heinrich VIII. Bayern 1255 in Ober- und Niederbayern. Erst unter dem ersten Kaiser aus den Reihen der Wittelsbacher, Ludwig IV., wurden beide Herzogtümer wieder zusammengeführt und erfuhren durch ihn beträchtlichen Gebietszuwachs. Hausstreitigkeiten der Söhne und Enkel Ludwigs machten das Werk aber zunächst zunichte. Die bayerischen Stammlande wurden 1349 wiederum in Ober- und Niederbayern und vier Jahrzehnte später in drei, zeitweise sogar vier selbständige Herzogtümer aufgeteilt: Bayern-München, Bayern-Landshut, Bayern-Ingolstadt und Bayern-Straubing. – Herzog Albrecht IV., der Weise, war es, der das Primogeniturrecht einführte, das solchen Besitzänderungen einen Riegel vorschob. Dieses Gesetz bestimmte, daß nur der Erstgeborene durch Erbfolge die ungeteilte Herrschaft über das Land antreten konnte. Dies bildete die Grundlage für die wachsende staatliche Bedeutung Bayerns.
Unter Maximilian I. als Führer der katholischen Liga im Dreißigjährigen Krieg erhielt Bayern die Kurfürstenwürde. Sein Enkel Max Emanuel, der Blaue Kurfürst, Sieger gegen die Türken, hatte hochfliegende Pläne: Er strebte den Aufstieg seines Herrscherhauses zur europäischen Großmacht an. Doch es kam nicht so, wie er es sich vorgestellt hatte.
Realistischer in seiner politischen Zielsetzung und damit erfolgreicher war Kurfürst Max III.

tations mais aussi de pertes de territoires par échanges, successions et mariages. C'est ainsi par exemple qu'en 1255 les deux frères Louis II et Henri VIII partagèrent la Bavière en Haute et Basse-Bavière. Ce n'est que sous Louis IV, le premier empereur issu de la maison des Wittelsbach, que les deux duchés furent à nouveau réunis et de surcroît considérablement agrandis.
Toutefois, des querelles familiales entre les fils et les petits-fils de Louis IV allaient bientôt réduire son œuvre à néant. En 1349, la Bavière fut à nouveau divisée en Haute et Basse-Bavière et, quatre siècles plus tard, en trois, par moments même en quatre duchés indépendants: ceux de Bavière-Munich, Bavière-Landshut, Bavière-Ingolstadt et Bavière-Straubing.
Ce fut le duc Albrecht IV le Sage qui introduisit le droit de primogéniture qui mit un frein à ce genre de modifications territoriales. Cette loi prescrivait que seul le premier-né pouvait, par

marriage led to constant territorial changes by which some ruling families gained land at the expense of others. For example, in 1255 the brothers Ludwig II and Heinrich VIII divided Bavaria up into Upper and Lower Bavaria.
Not until nearly a hundred years later, under Ludwig IV, the first Holy Roman Emperor to emerge from the Wittelsbach House, were the two dukedoms joined together again; and through Ludwig's activities they then gained a considerable amount of territory.
However, quarrels between Ludwig's sons and grandsons, soon eroded his achievements. In 1349 Bavaria was again split into Upper and Lower Bavaria, and forty years later into three, and at times even four, independent dukedoms: Bavaria-Munich, Bavaria-Landshut, Bavaria-Ingolstadt, and Bavaria-Straubing.
It was Duke Albrecht IV, dubbed "the Wise", who introduced the rule of primogeniture in 1506; this put an end to such divisions in the Wittelsbach lands. Primogeniture ensures that

Joseph (1745–1777). Er schuf die Basis für den modernen Verwaltungsstaat, den der leitende Minister Montgelas später durch Verwaltungsreformen vollendete. Dessen taktisch geschicktem Verhalten Napoleon gegenüber verdankte Bayern weiteren Gebietsgewinn und auch die Erhebung zum Königreich: Aus dem Kurfürsten Maximilian IV. Joseph wurde König Max I., Bayern erhielt 1818 eine Verfassung, wurde zur konstitutionellen Monarchie. Unter seinem Nachfolger König Ludwig I. erlebte das Land eine wirtschaftliche und kulturelle Blütezeit.
Anders geartet war König Ludwig II. Er lebte in seiner Phantasie, träumte vom romantischen Königtum und steckte Kraft und Zeit in den Bau seiner Königsschlösser.
Der letzte König aus dem Hause Wittelsbach war Ludwig III. Mit ihm endete die Herrschaft der Wittelsbacher über Bayern, als er 1918 nach der Ausrufung der Republik durch Kurt Eisner das Land verließ.

voie successorale, régner sans partage sur le pays. Ce fut là la base de l'importance croissante de la Bavière en tant qu'Etat.
Sous Maximilien Ier, le chef de la Ligue catholique dans la guerre de Trente Ans, la Bavière accéda à la dignité d'électorat. Son petit-fils Max Emmanuel, le prince-électeur, vainqueur contre les Turcs, avait des projets très ambitieux: il voulait faire de sa dynastie une grande puissance européenne. Mais ses plans ne se réalisèrent pas.
Le prince-électeur Max III Joseph (1745–1777) fut plus réaliste dans ses objectifs politiques et eut ainsi plus de succès. Il créa les bases d'un Etat administratif moderne que son ministre et conseiller Montgelas paracheva par la suite par des réformes administratives. La position tactique habile qu'il adopta vis-à-vis de Napoléon permit à la Bavière d'obtenir de nouveaux gains territoriaux et également d'accéder au rang de royaume: le prince-électeur Maximilien IV Joseph devint le roi Max Ier, la Bavière fut dotée en 1818 d'une Constitution, devint une monarchie constitutionnelle. Sous son successeur, le roi Louis Ier, le pays connut une période de prospérité économique et culturelle.
Le roi Louis II fut différent. Il vécut dans un monde imaginaire, rêva d'un royaume romantique et employa ses forces et son temps à la construction de ses châteaux.
Le dernier roi des Wittelsbach fut Louis III. Avec lui prit fin le règne des Wittelsbach sur la Bavière: en 1918, après la proclamation de la république par Kurt Eisner, il quitta le pays.

the first-born inherits all the lands of the intestate. This formed the basis for the increasing political importance of Bavaria.
Under Maximilian I, who led the Catholic League during the Thirty Years' War, Bavaria was elevated to the status of Electorate. His grandson, Max Emanuel, hero in the war against the Turks, had high-flying ambitions to make his House into a European great power, but they came to nothing.
A more realistic, and therefore more successful, politician was Elector Max III Joseph (1745–1777). He created the basis for a modern administration which his leading minister, Montgelas, later complemented by administrative reforms. Thanks to Montgelas's tactically skilled handling of Napoleon, Bavaria gained new territories and was raised to the status of kingdom: the Elector Maximilian IV Joseph became King Max I, a constitution was drawn up in 1818, and Bavaria became a constitutional monarchy. Under the next monarch, King Ludwig I, the country enjoyed a period of economic and cultural prosperity.
King Ludwig II was a completely different type of character: he lived in his own world of fantasy, dreamed of Romantic kingship, and devoted his energies and time to the building of his royal palaces.
The last Wittelsbach king was Ludwig III. With him the long reign of the Wittelsbach House came to an end: he left the country in 1918 after Kurt Eisner had proclaimed the foundation of the Republic of Bavaria.

▶ Staatsgut Schwaiganger: über 1000 Jahre alt, heute Spielraum für fast 400 Pferde.
▶▶ Neubeuern, einst an einer Römerstraße: Brunnenfigur des heiligen Florian im »römischen Kostüm«.
Benediktbeuern und die Benediktenwand
Das Benediktinerkloster ist ein uraltes Bildungszentrum, ich nenne nur die Carmina Burana oder die Fraunhoferschen Forschungen.

▶ La ferme d'Etat de Schwaiganger: aujourd'hui près de 400 chevaux s'ébattent dans cet endroit plus que millénaire.
▶▶ Neubeuern, autrefois sur la route des Romains: la statue de saint Florian en «costume romain» sur la fontaine.
Benediktbeuern et la Benediktenwand
L'abbaye bénédictine est un très ancien centre de formation.

▶ The Bavarian State Farm at Schwaiganger, more than 1000 years old, is the home of almost 400 horses.
▶▶ Neubeuern was once on the Roman Road: figure of St Florian in "Roman costume" on the town fountain.
Benediktbeuern at the foot of the Benediktenwand: the Benedictine Monastery is an ancient centre of culture and learning.

Ludwigs II. Träume vom Schloß
Schloß Linderhof ist mehr Königsvilla als Schloß. Der Blick gleitet vom Hauptbau aus über vier Terrassen hinauf zum 1876 errichteten Venustempel.
Der Spiegelsaal in Schloß Herrenchiemsee gehört mit Spiegel- und Goldverkleidung, mit 33 großen Glaslüstern und 44 Standleuchtern zu den stärksten Anziehungspunkten der Königsschlösser.

Les châteaux de Louis II
Le château de Linderhof est plus une villa royale qu'un château. De l'édifice principal, le regard se dirige au-delà des quatre terrasses vers le temple de Vénus érigé en 1876.
Avec son revêtement de glaces et de dorures, ses 33 lustres en cristal et ses 44 candélabres, la galerie des glaces du château de Herrenchiemsee fait partie des attractions des châteaux royaux.

Ludwig II's Palaces
Linderhof Palace is more a royal villa than a palace. From the main building the view extends across a series of gardens and terraces to the Venus Temple erected in 1876.
The Hall of Mirrors, in Herrenchiemsee Palace, with its golden decorations, 33 great chandeliers, and 44 candelabra, is one of the main attractions of the various royal palaces and castles.

Das moderne Bayern, ein Aufsteiger

Die Ziehväter des modernen Bayern von heute waren Napoleon und der überragende bayerische Minister Montgelas. Er darf als der Schöpfer des modernen Bayern bezeichnet werden. 1799, als er die Leitung übernahm, war Bayern ein zerrüttetes Land mit einer Größe von 938 Quadratmeilen, 1817 war es ein wohlabgerundetes und angesehenes Königreich von 1387 Quadratmeilen. Hart muß es diesen verdienstvollen Mann getroffen haben, als ihm am 2. Februar 1817 – er saß gerade beim Frühstück – seine Entlassung aus zweiter Hand und nicht vom König selbst, dessen treuester Ratgeber er war, mitgeteilt wurde. Montgelas starb am 14. Juni 1838 in München.
Diesen bayerischen Staat, der als Monarchie begann, der sich ins Deutsche Reich einfügte und trotzdem seine Kultur-, Steuerhoheit und andere Privilegien behielt, der den Zusammenbruch des Königreichs am Ende des Ersten Weltkriegs überstand, ja sogar als Freistaat daraus hervorging, diesen bayerischen Staat gab es auch noch am Ende des Zweiten Weltkriegs trotz der vorangegangenen Räte- und Weimarer Republik, trotz Hitlers Gewaltherrschaft und der Tatsache, daß München als Hauptstadt der Bewegung eine Nazihochburg war. Aber das Fazit aus diesen stürmischen Zeiten war auch für Bayern zunächst katastrophal. In der Verwaltung fehlten nach der »Entnazifizierung« sehr viele Fachkräfte, und die amerikanische Militärregierung beanspruchte uneingeschränkte Hoheitsrechte, regelte das gesamte öffentliche Leben: Sie waren als Sieger, nicht als Befreier gekommen. Dazu kamen Hunger, Wohnungsnot

La Bavière moderne, une battante

Les pères de la Bavière moderne, celle d'aujourd'hui, furent Napoléon et l'éminent ministre bavarois, Montgelas. Celui-ci peut être considéré comme le créateur de la Bavière moderne. Lorsqu'en 1799, il prit la direction des affaires, la Bavière était un pays désorganisé d'une superficie de 938 milles carrés; en 1817 c'était devenu un royaume bien géré de 1387 milles carrés. Le coup dut être dur pour cet homme de mérite lorsque, le 2 février 1817, – il était juste en train de prendre son petit déjeuner – il apprit non pas du roi lui-même, dont il était le plus fidèle conseiller, mais par personne interposée, qu'il était renvoyé. Montgelas mourut le 14 juin 1838 à Munich.
Cet Etat bavarois, qui commença comme une monarchie, s'intégra dans l'Empire allemand et conserva, malgré tout, sa souveraineté en matière culturelle et fiscale, ainsi que d'autres privilèges, qui survécut à l'effondrement du royaume à la fin de la Première Guerre mondiale, en sortit même comme Etat libre, cet Etat bavarois existait encore à la fin de la Deuxième Guerre mondiale malgré la République bavaroise des conseils et la République de Weimar, malgré la tyrannie hitlérienne et le fait que Munich avait été, comme «capitale du mouvement», un bastion nazi. Mais le bilan de cette période mouvementée fut d'abord également catastrophique pour la Bavière. La «dénazification» entraîna une grave pénurie de personnel administratif qualifié et le gouvernement militaire américain, qui revendiquait des droits de souveraineté illimités, réglementait toute la vie publique: les Américains étaient venus en

Modern Bavaria: a rising star

Napoleon and the outstanding Bavarian minister Maximilian von Montgelas were the foster-fathers of modern Bavaria. Montgelas may be called the creator of modern Bavaria. When he took over the reins in 1799, Bavaria was a disorganized puny state with an area of 938 square miles; by 1817 it had become a prosperous and respected kingdom whose territory covered 1,387 square miles. It must have been a severe blow for that distinguished man when, on 2nd February 1817 – he was at breakfast – his dismissal was presented to him, hitherto the king's most faithful and capable adviser, by a messenger – and not by the king himself. Montgelas died on 14th June 1838 in Munich.
This Bavarian state, which began as a monarchy, which was integrated in the German Empire while retaining its cultural identity, its right to levy taxes, and other privileges, and which survived the collapse of the kingdom at the end of the first world war, emerging as an independent republic – this Bavarian state still existed after the end of the second world war despite the difficult period during the Bavarian Republic of the Councils and the Weimar Republic, despite Hitler's reign of terror, and the fact that Munich, as the "Capital of the Movement", was a Nazi bastion. However, the final result of those turbulent times was at first catastrophic for Bavaria, too. The process of denazification resulted in a severe shortage of administrative experts, and the American military government, which disposed over unlimited rights of sovereignty, regulated the whole of public life: the Americans had come as victors, not as libera-

und zwei Millionen Flüchtlinge und Heimatvertriebene, die eine Bleibe im Land suchten. Seltsame Blüten trieben diese Notzeiten. Augenzeugenberichte stimmen nachdenklich. Kampf von Frauen auf einer Müllhalde um Brotteig, der von amerikanischen Lastern abgeladen worden war. Verfolgung eines Jungen durch Erwachsene, weil er einen Brotlaib, der von einem Amifahrzeug gerollt war, aufgehoben hatte. Der Kippenstecher, eine Erfindung Nikotinsüchtiger. Ihr Arbeitsgerät: ein Stock mit einem Nagel am Kopfende. Weitere »Notgeburten«: der Kohlenklau und der Schwarzschlächter. Bayern hatte mit den Amerikanern als Besatzungsmacht Glück. Bereits 1946 ließen sie Wahlen auf kommunaler und Landesebene zu. Als dann der Parlamentarische Rat das Grundgesetz zimmerte, konnte Bayern seine Ziele weitgehend realisieren.
Trotz aller politischen Turbulenzen, der Flügelkämpfe zwischen CSU und der Bayernpartei entwickelte sich Bayern zu einem modernen freiheitlichen Sozialstaat. Maßgeblich dazu beigetragen hat – im Land wie im Bund – die soziale Marktwirtschaft, als deren Vater man den gebürtigen Franken Ludwig Erhard bezeichnet. Bayern blühte auf, wurde Wohlstandsland, errang mit seiner Hauptstadt Weltgeltung, besitzt eine Wirtschaftskraft, die sich sehen lassen kann, ist ein Land, in dem es sich leben läßt.

Bayerns Industrie:
Wachstum, auch im Fremdenverkehr

Bayerns Wirtschaft wurde bis in unser Jahrhundert herein überwiegend von der Land- und Forstwirtschaft bestimmt. Die Industrie hatte insgesamt keine besondere Bedeutung, ausgenommen allenfalls die Räume München–Augsburg und Nürnberg–Fürth–Erlangen mit Glas-, Porzellan-, Papier-, Textil- und Zellstoffherstellung, auch Maschinenbau und Elektrotechnik. Mit Bodenschätzen war das Land auch nicht gerade gesegnet; was vorkam, waren Braunkohle, Pechkohle, Eisenerz, Salz, Flußspat, Kaolin. Einen Nachteil bildete die Lage Bayerns am Rand der alten Bundesrepublik, die sich im Zusammenhang mit der Grenze zum ehemaligen

vainqueurs et non pas en libérateurs. A cela s'ajoutèrent la famine, la pénurie de logements et deux millions de réfugiés et d'expulsés venus chercher refuge dans le pays.
Cette période d'adversité suscita d'étranges comportements et les témoignages de l'époque laissent songeur. Il y est question par exemple d'une bataille de femmes sur un tas d'ordures pour de la pâte à pain déchargée là par des camions américains. De la poursuite d'un jeune garçon par des adultes parce qu'il avait ramassé une miche de pain tombée d'une voiture américaine. Du ramasseur de mégots, une invention des tabacomanes. Leur instrument de travail: un bâton avec un clou à une extrémité. Autres phénomènes dus à la nécessité: le vol de charbon et le marché noir. La Bavière eut de la chance avec les occupants américains. Dès 1946, ils autorisèrent des élections au niveau communal et régional. Et lorsque le conseil parlementaire cimenta la Loi fondamentale, la Bavière put en grande partie réaliser ses objectifs.
Malgré toutes les turbulences politiques, les luttes entre la CSU (chrétiens-sociaux) et le Bayernpartei (parti bavarois), la Bavière devint un Etat social libéral moderne. Ce développement a été largement favorisé – au niveau du Land comme à celui du Bund – par l'économie de marché sociale dont on peut dire que l'initiateur fut le Franconien de naissance Ludwig Erhard. La Bavière prospéra, devint un Etat florissant, obtint grâce à sa capitale une réputation mondiale, possède aujourd'hui une puissance économique dont elle peut être fière et est un pays où il fait bon vivre.

L'industrie bavaroise: un secteur en expansion

Jusqu'à notre siècle, l'économie de la Bavière a été dominée par l'agriculture et la sylviculture. Dans l'ensemble, l'industrie n'avait aucune importance particulière, à l'exception tout au plus des régions de Munich–Augsbourg et Nuremberg–Fürth–Erlangen avec la fabrication de verre, de porcelaine, de papier, de textile et de cellulose, la construction mécanique et l'électrotechnique. Le pays n'était également

tors. Added to this were near-starvation, lack of housing, and two million refugees and expellees from Germany-speaking parts of eastern Europe who sought to settle in Bavaria.
Eye-witness accounts of that disastrous period record scenes and impressions which stick in the mind: women fighting on a rubbish dump over dough tipped there by American lorries; a boy being chased by grown-ups because he had picked up a loaf of bread that had fallen off an American vehicle; the stub-picker, consisting of a stick with a nail at one end, invented by smokers for retrieving thrown-away cigarette stubs, and other survival techniques such as coal stealing, and black-marketeering. But Bavaria was lucky to have been occupied by the Americans. In 1946 they already permitted elections to take place at municipal and Bavarian parliamentary level. Then, when the West German parliamentary committee drew up the Basic Law – the West German constitution – most of Bavaria's basic political aims became reality.
Despite all the political upheavals and skirmishing between the largest Bavarian party, the Christian Socialists (CSU) and the Bayernpartei (Bavarian Party) in the early post-war years, Bavaria has developed into a modern, liberal, welfare state. A major contribution towards this development – in Bavaria, as in the Federal Republic as a whole – was made by the social market economy, of which Ludwig Erhard, a Franconian by birth, is regarded as the father. Bavaria has flourished and prospered, has a world-renowned capital, is a potent economic power, and a delightful country to live in.

Bavaria's industry: growth is the key-word

Bavaria's economy was dominated by agriculture and forestry right into the present century; with the exception, perhaps, of the areas Munich–Augsburg, and Nürnberg–Fürth–Erlangen, with glass, porcelain, paper, textile, and cellulose manufacture, and also machinery and electrical goods, industry as a whole was of minor importance. The country was also not particularly blessed with raw materials; but

Ostblock hin als fast toter Winkel ausnahm.
Die Einführung der EG schien zunächst Bayerns wirtschaftliche Situation noch zu verschlechtern, da sich die Wirtschaft auf den Norden Europas konzentrierte.
Zum Glücksfall aber wurde die zweite technische Revolution, die durch die Kunststoffherstellung, die Leichtmetallerzeugung, durch die Entwicklung der Elektronik und durch Wissenschaft und Forschung ausgelöst wurde. Weil Bayern, industriell betrachtet, noch keine ausgeprägte wirtschaftliche Struktur aufwies, war es, unterstützt von einer sinnvollen Förderungspolitik, leichter, die Voraussetzungen für das Wachstum der Wirtschaft zu schaffen. Dazu gehörte auch die ständige Verbesserung der Verkehrsverbindungen, darunter der Ausbau des Rhein-Main-Donau-Kanals, der die Verbindung mit 13 Ländern herstellt. Die nötige Energie wurde und wird mit Erdgas- und Ölpipelines und mit dem Bau von Kernkraftwerken beschafft.
Auf die gesamte wirtschaftliche Entwicklung wirkte sich Bayerns breites Spektrum an Kultur, landschaftlicher Vielfalt und damit verbundenen Erholungsmöglichkeiten positiv aus. Immer mehr Techniker, Ingenieure, Wissenschaftler, die dem Ruf des »gelobten Landes« folgten, mehrten das fachliche Potential moderner Industriezweige, die sich dadurch schneller auf Neuerungen einstellen konnten. So wundert es nicht, daß heute die Hälfte der gesamten deutschen Luft- und Raumfahrtindustrie in Bayern zu finden ist, daß die Elektroindustrie den größten Umsatz in Bayern vorzuweisen hat, daß Datenverarbeitung, Mikroelektronik und Nachrichtentechnik auf dem laufenden sind.
Mit der Industrialisierung entwickelten sich auch weltweite Handelsbeziehungen; neue Absatzmärkte taten sich auf. München bietet ein gutes Beispiel für Industrie und Handelskonzentration. Firmennamen mit Weltruf tauchen dort auf, so stehen Siemens, Rhode und Schwarz für die Elektroindustrie; den Maschinen- und Fahrzeugbau repräsentieren Kraus-Maffei, BMW, Deckel, Wamsler, MAN, MTU, Hurth; der Flugzeugbau ist vertreten durch die

pas particulièrement riche en ressources naturelles mais possédait du lignite, du jais, du minerai de fer, du sel, du spath, du kaolin.
La Bavière était en outre désavantagée par sa situation en bordure de l'ancienne République fédérale et sa frontière avec l'ancien bloc de l'Est. L'avènement de la CE sembla au début aggraver encore la situation économique de la Bavière, l'économie se concentrant sur le Nord de l'Europe.
Fort heureusement vint la deuxième révolution technique déclenchée par la fabrication de matières plastiques, la production de métaux légers, par le développement de l'électronique et par les sciences et la recherche. Etant donné que la Bavière, sur le plan industriel, ne présentait pas encore de structure économique bien définie, il fut plus facile, grâce à une politique de subventions avisée, de créer les conditions nécessaires à la croissance économique. Ces conditions impliquaient également l'amélioration constante des voies de communication, entre autres l'achèvement du canal Rhin-Main-Danube qui relie la Bavière à 13 pays. L'énergie nécessaire a été et est obtenue par des gazoducs et des oléoducs et la construction de centrales nucléaires.
L'offre culturelle importante, la diversité géographique et partant les différentes possibilités de détente ont eu un effet positif sur le développement économique dans son ensemble. De plus en plus de techniciens, d'ingénieurs, de scientifiques ont répondu à l'appel de la «terre promise» et sont venus grossir les rangs du potentiel spécialisé des secteurs modernes de l'industrie qui ont pu ainsi s'adapter plus rapidement aux innovations. Il n'est donc pas étonnant qu'aujourd'hui la moitié de toute l'industrie aéronautique et spatiale de l'Allemagne soit bavaroise, que l'industrie électrique réalise son plus gros chiffre d'affaires en Bavière, que l'informatique, la microélectronique et la technique des communications soient à la pointe du progrès.
L'industrialisation a entraîné également le développement de relations commerciales internationales; de nouveaux débouchés se sont

there was some lignite, bituminous coal, iron-ore, salt, fluorspar, and kaolin.
In combination with the Iron Curtain, which sealed off the then East Bloc, Bavaria's position at the edge of West Germany was a considerable disadvantage. The foundation of the EEC at first seemed to worsen Bavaria's economic situation, as industry was centred largely in the north of Europe.
But then Bavaria profited from the second technological revolution brought about by the development of plastics, light metal manufacture, and the high-tech industries, and by science and research. Because Bavaria was relatively undeveloped as an industrial region it was easier, with the help of an enlightened subvention policy, to create the conditions for economic growth. One aspect of this policy was the constant improvement of communications, including the extension of the Rhine-Main-Danube Canal, which connects Bavaria with 13 countries. Natural gas, oil pipelines, and nuclear power provide the essential energy.
Bavaria's broad spectrum of culture and natural beauty, and the associated leisure activities available proved an invaluable additional asset. More and more technicians, engineers, and scientists were attracted to the "promised land", increasing the capacity of modern branches of industry to react to the latest developments. So it is no surprise that today half of the entire German aerospace industry is Bavarian, that the electrical industry generates the largest turnover in Bavaria, and that data processing, micro-electronics and telecommunications in Bavaria are at the forefront of their sectors.
Industrialization resulted in the establishment of worldwide trading connections; new markets were exploited. Munich provides a good example of the concentration of industrial and commercial enterprises. World-famous companies are based or represented there: Siemens, and Rhode und Schwarz stand for the electrical industry, for example; Kraus-Maffei, BMW, Deckel, Wamsler, MAN, MTU, and Hurth for machinery and vehicle manufacture; the

Dornierwerke und Messerschmitt-Bölkow-Blohm, die Optik durch Linhof und Rodenstock, Nahrungs- und Genußmittel durch Pfanni und sechs Großbrauereien. Dazu kommen die Pharmaindustrie, Verlage und Druckereien, die Bekleidungsindustrie, die Großmarkthallen, das Dienstleistungsgewerbe und – last but not least – große Banken und Versicherungen. München steht pars pro toto für andere Zentren wie das Chemie-Dreieck im Inn-Salzach-Winkel, die Erdölraffinerien in Ingolstadt, für Neugründungen wie Neugablonz, für Industrieballungen in den Räumen Nürnberg, Schweinfurt, Aschaffenburg mit bedeutender Stahl- und Blechherstellung, mit Fahrzeug- und Maschinenbau, mit einer ausgeprägten Bekleidungsindustrie und für Augsburg mit der Herstellung von Schiffsdiesel- und Großdieselmotoren und Rotationsmaschinen. Weil die bayerische Industrie weitgehend vom Mittelstand getragen wird und eine Vielfalt von Branchen aufweist, ist sie auch widerstandsfähig und zukunftsträchtig.
Ein Bereich, der maßgeblich am wirtschaftlichen Wohlstand beteiligt ist, darf nicht übersehen werden: der Fremdenverkehr. Bayern ist Deutschlands Fremdenverkehrsland schlechthin. 47 Heilbäder und Kurorte, die der Heilung und Rekreation dienen, ein vielverzweigtes Wanderwegnetz, Loipen und Pisten in größter Zahl, Seen, Bäder und Wildwasser für alle Arten von Wassersport, Eisstadien und Sportplätze wurden immer auch mit Blick auf die Touristen erschlossen und angelegt, dienen der Erholung und dem Ferienspaß. Museen aller Art, Galerien, Theater und Konzerte, brauchtumsübliche Folklore machen mit der Kultur des Landes und mit seinen Menschen bekannt.
Eine wichtige Ausgleichsfunktion hat der Fremdenverkehr für Gebiete, die landwirtschaftlich orientiert sind, denen Industrie fehlt. Für sie ist der Fremdenverkehr wichtiger »Brotgeber«. Nun sollte man sich aber hüten, stets sagen zu wollen: »Wes Brot ich ess', des Lied ich sing'.« Auch das Fremdenverkehrslied kann ein garstig Lied sein. An den Heerstraßen des Tourismus, auf Wanderwegen, an Seestränden ist seine häßliche Müllspur zu finden. Die Überbelastung

ouverts. Munich offre un bon exemple de concentration industrielle et commerciale. Elle accueille des firmes de renom international, ainsi Siemens, Rhode et Schwarz pour l'industrie électronique; la construction mécanique et automobile est représentée par Kraus-Maffei, BMW, Deckel, Wamsler, MAN, MTU, Hurth; la construction aéronautique par les usines Dornier et Messerschmitt-Bölkow-Blohm, l'optique par Linhof et Rodenstock, l'industrie des produits alimentaires et des boissons par Pfanni et six grandes brasseries. A cela s'ajoutent l'industrie pharmaceutique, des maisons d'édition et des imprimeries, le secteur tertiaire et – last but not least – de grandes banques et d'importantes compagnies d'assurances.
Munich est *pars pro toto* pour d'autres centres comme le «triangle de la chimie» près du confluent de l'Inn et de la Salzach, les raffineries de pétrole à Ingolstadt, pour des créations de nouvelles entreprises comme à Neugablonz, pour des conurbations industrielles avec une importante production d'acier et de tôle, une construction automobile et mécanique, une industrie de la confection florissante dans les régions de Nuremberg, Schweinfurt, Aschaffenburg et pour Augsbourg avec la fabrication de moteurs diesel marins et de rotatives. Comme l'industrie bavaroise est en grande partie constituée de moyennes entreprises et englobe une multitude d'activités, elle est aussi plus résistante et pleine de promesses pour l'avenir.
Un domaine, qui a une part importante dans la prospérité économique de la Bavière, mérite une mention particulière: celui du tourisme. La Bavière est tout bonnement la région de vacances de l'Allemagne. 47 stations thermales et balnéaires, un réseau de chemins de randonnée très ramifié, des pistes de ski en très grande quantité, des lacs, des piscines, des cascades pour toutes sortes de sports nautiques, des stades de patinage et des terrains de sport ont été aménagés en songeant également aux touristes. Par ailleurs des musées en tous genres, des galeries d'art, des théâtres et des salles de concert, un folklore traditionnel

Dornier Works and Messerschmitt-Bölkow-Blohm for aircraft manufacture; Linhof and Rodenstock for optics; Pfanni and six large breweries for food and beverages. Added to this are the pharmaceutical industry, publishing and printing, the clothing industry, the central food market, the services industry, and, last but not least, major banks and insurance companies. Munich stands *pars pro toto* for other centres such as the "chemical delta" near the confluence of the rivers Inn and Salzach, the oil refineries at Ingolstadt, for resettled industries using the skills of expellees, such as jewelry at Neugablonz, for industrial conurbations with important steel and sheet-metal works, vehicle and machinery manufacture, and a flourishing clothing industry, in the areas around Nürnberg, Schweinfurt, and Aschaffenburg, and for Augsburg, with an emphasis on the construction of marine diesel engines and rotary printing presses. The fact that Bavarian industry is largely comprised of smaller and medium-sized concerns and covers a wide range of activities means that it is flexible and resistant, with good prospects for the future.
One sector that plays an important role in Bavaria's economic success deserves special mention: the tourist industry. Bavaria is Germany's vacation land. 47 spas and health resorts, a dense network of footpaths and of cross-country skiing trails and Alpine pistes, lakes, and facilities for every kind of watersport, including wild-water canoeing, skating-rinks, and sports-grounds of all kinds have been provided – at least partly with a view to tourism. Museums, art galleries, theatres and concert halls, and folkloristic events act as intermediaries between visitors and the country's culture and people.
Tourism can effectively compensate for a lack of manufacturing industries in largely agricultural areas. But tourism undoubtedly has its less attractive sides. A trail of refuse often accompanies the main tourist routes, footpaths, and lakeside promenades; too many boats, surfers, and bathers have an overkill effect on the ecological balance of the lakes; the skiing pistes

der Seen durch Segler, Surfer und den Badebetrieb führt zu Störungen im ökologischen Gleichgewicht, der Skipistenkahlschlag reißt riesige Schneisen in die Bergwälder, fördert die Lawinengefahr. Und der tourismusbedingte Fahrzeugverkehr trägt nicht nur zur Luftverschmutzung bei, sondern raubt als Durchgangsverkehr durch Stadt und Dorf den Bürgern gerade an den Wochenenden die verdiente Ruhe. So ist der bayerische Stoßseufzer schon verständlich, der da heißt: »Mei Ruah will i ham!« Er sollte ernst genommen werden, denn immer noch gilt das Wort: »In der Stille reift das Köstliche.« Und im Interesse Bayerns als Fremdenverkehrsland muß vor dem Ausverkauf der Natur dringend gewarnt werden.

familiarisent les visiteurs avec la culture du pays et ses habitants.
Le tourisme a également une importante fonction de compensation pour les régions essentiellement agricoles et dépourvues d'industrie. Pour celles-ci, le tourisme est un important gagne-pain qui toutefois, il ne faut pas l'oublier, a aussi des conséquences négatives. Il laisse en effet souvent de bien vilaines traces avec les détritus qu'il sème le long des voies touristiques, sur les chemins de randonnée, les bords des lacs. Le grand nombre d'adeptes de la voile, du surf et des baignades perturbe l'équilibre écologique des lacs, l'aménagement de pistes de ski occasionne d'immenses trouées dans les forêts de montagne et accroît le risque d'avalanches. Et le trafic routier occasionné par le tourisme non seulement contribue à la pollution de l'air mais, en traversant villes et villages, prive également les habitants, précisément les week-ends, d'un calme mérité. Aussi peut-on comprendre le soupir typique des Bavarois quand ils disent: «Je veux avoir la paix.» Il devrait d'ailleurs être pris au sérieux car l'on sait combien le calme est prisé et nécessaire. Aussi dans l'intérêt de la Bavière en tant que région touristique, est-il bon de mettre en garde contre la destruction de la nature.

that have been cut through the mountain forests increase the danger of avalanches.
And the enormous numbers of motor vehicles attendant on tourism not only poison the air, but also, especially at weekends, jam the towns and villages to the detriment of the local people.
In this context the typical Bavarian sigh – Leave me in peace! – is understandable. It deserves to be taken seriously, because a certain degree of peace and quiet is what most tourists are in search of. And in the interest of Bavaria's continuing importance as a holiday region every precaution should be taken to prevent one of its few natural resources – its beautiful countryside – from being destroyed for the sake of short-term profit.

Das Fernweh lockt
Im ersten Jahr seines Bestehens kamen gleich über eine Million Menschen auf die Zuschauerterrasse des neuen Flughafens München II, um den in alle Welt startenden Jets hinterherzuträumen. Ökologische Bedenken, die den Bau des gigantischen Airports im Erdinger Moos begleitet hatten, zählen jetzt nur noch wenig.

La nostalgie des pays lointains
Au cours de la première année de son existence, le nouvel aéroport Munich II a attiré plus d'un million de visiteurs venus rêver sur sa terrasse à la vue des avions en partance pour tous les coins du monde. Les craintes d'ordre écologique suscitées par la construction du gigantesque aéroport dans le Erdinger Moos sont à présent quasiment oubliées.

Gate to the world
In the first year after the opening, more than a million people visited the spectators' terrace of the new Munich II Airport for a vicarious taste of the great wide world. Environmental objections to the siting of the gigantic airport in the peat-bog region to the north of Munich, which delayed the construction for years, are now largely forgotten.

Bäuerlich-handwerkliches Bayern
Schindelverkleidetes Bauernhaus im Hintersteiner Tal im Allgäu. Ein Senn beim Almabtrieb in Hindelang, uralter Brauch einst, Touristenattraktion heute. Das Kunsthandwerk des Geigenbaus hat Mittenwald weltberühmt gemacht. Eher einfach wirkt dagegen das noch intakte Handwerk des Korbflechters in der Oberpfalz.

La Bavière paysanne et artisanale
Une ferme recouverte de bardeaux dans la vallée de l'Hinterstein en Allgäu. Un vacher lors de la descente de l'alpage à Hindelang, autrefois une très vieille coutume, aujourd'hui une attraction touristique. La lutherie a donné à Mittenwald une renommée mondiale. A côté, le métier de vannier dans le Haut-Palatinat paraît plutôt simple.

Rural scenes in Bavaria
Shingle-clad farmhouse in the Hinterstein Valley, Allgäu. A cowherd in Hindelang, who has driven his cattle down from the mountains for the winter. A violin-maker, practising the craft that has made Mittenwald world-famous – that of the basket-maker in the Upper Palatinate appears simple in comparison.

Landschaft im Kontrast
Bizarre Felstürme, Kamine, schroffe Überhänge – eine Verlockung für Kletterer – und die Fachwerkbauweise wie hier in Gößweinstein sind Wahrzeichen der Fränkischen Schweiz.
Wie ruhig dagegen wirkt der Riegsee bei Murnau, fast wie ein Gemälde – eine Landschaft zum Meditieren.

Un paysage de contrastes
De curieuses tours rocheuses, des cheminées, des passages escarpés, qui invitent à l'escalade, et la construction en colombage, comme ici à Gössweinstein, sont les symboles de la Suisse franconienne. Combien paraît paisible par contre le Riegsee près de Murnau, un endroit tout à fait propice à la méditation.

Contrasting landscapes
Bizarre rock formations – a challenge to climbers – and half-timbered houses, as here in Gössweinstein, are typical of "Franconian Switzerland", to which the peacefulness of Lake Ried, near Murnau, provides a fine contrast.

Bauernland
Der mit Holzschindeln verkleidete Bauernhof im Hintersteiner Tal ist einer der wenigen, die so erhalten sind. Er mag symbolhaft für die heute dort noch anzutreffende bäuerliche Bodenständigkeit stehen.
Waschechtes Bayern vermittelt die festlich gekleidete Frau aus dem Rupertiwinkel.

Région paysanne
La ferme recouverte de bardeaux en bois dans la vallée de l'Hinterstein est une des rares de ce genre qui aient été ainsi conservées. Elle peut faire figure de symbole de la pérennité des traditions paysannes dans cette région. Tout comme la paysanne en costume de fête de la région de Berchtesgaden.

Farming country
The shingle-clad farmhouse in the Hinterstein Valley is one of the few of its kind that remains: like the regional costumes – the one shown here is from the Berchtesgaden area – it might be taken as a symbol of the peasant farming tradition that still survives in parts of Bavaria.

Natur und Technik, erster Teil
Technisch erschlossene Winterlandschaften, wie das Skigebiet über dem Leitzachtal oder der für allerlei Wintersport zugängliche Scheyerner Weiher, sind uns wohlbekannt.

Nature et technique, première partie
Des régions de sports d'hiver exploitées par la technique comme l'étang de Scheyern ou la vallée de la Leitzach.

Nature and technology, part one
Technology has opened up wintersports areas such as Lake Scheyern, or the Leitzach Valley, famous for its skiing.

Natur und Technik, zweiter Teil
Bewundernd stehen wir aber vor Meisterleistungen wie dem BMW-Verwaltungszentrum in München, einer architektonisch gelungenen Einbindung ins dortige Industriezentrum, und vor der Erdfunkstelle in Raisting am Ammersee, dem Versuch des Menschen, den Himmel zu programmieren.

Nature et technique, deuxième partie
Mais d'autres réalisations sont aussi dignes d'admiration comme le centre administratif de BMW à Munich, dont l'architecture s'intègre parfaitement dans son environnement industriel, et la station émettrice de Raisting au Ammersee, une tentative de l'homme pour programmer le ciel.

Nature and technology, part two
But there are more impressive achievements, such as the BMW Administration Centre in Munich, architecturally well-integrated in its industrial surroundings, and the Satellite Communications Earth Station at Raisting, by Lake Ammer, man's attempt to programme the skies.

Franken: Wein-, Bier- und Bäderland

Franken war zu Zeiten des Heiligen Römischen Reiches Deutscher Nation wie keine andere deutsche Landschaft in kleine und kleinste reichsunmittelbare Herrschaften zersplittert bis hinunter zum Reichsdorf. Erst mit der Säkularisation und Mediatisierung unter Mitwirkung Kaiser Napoleons wurde es 1806 größtenteils Bayern eingegliedert. Die heutige Einteilung in Ober-, Mittel- und Unterfranken besteht seit 1837. Bestimmend für die fränkische Lebensart sind die natürlichen landschaftlichen Gegebenheiten.
Da ist im Südosten das Juragebirge, das sich als Fränkische Alb vom Obermain im Norden bis hin zum Altmühl- und Donautal im Süden erstreckt. Die Alb ist eine verkarstete Hochfläche in rund 500 Meter Höhe mit einzelnen Erhebungen von deutlich über 600 Metern. Ein einzigartiges Landschaftsbild hat sich zwischen Bamberg im Westen, Bayreuth im Osten und Forchheim im Süden gebildet: Die Fränkische Schweiz zieht besonders viele Touristen an. Enge Täler, wasserreiche Flüsse, steile Felsen, hochragende Felsnadeln zeichnen diesen Teil des Frankenjura aus. Dazu kommen rund tausend Höhlen, von denen die Teufelshöhle bei Pottenstein, die Binghöhle bei Streitberg und die Sophienhöhle bei Rabenstein die bekanntesten sind. Anmutige Dörfer und Städte, vom typischen Fachwerkbau gekennzeichnet, Kirchen, Klöster und etwa zweihundert Schlösser und Burgen beleben die Landschaft. Für Romantiker und Naturliebhaber ist die Fränkische Alb ein Traumland. Dem Wasserreichtum in den Tälern und im Inneren der Alb steht die

La Franconie: le pays du vin, de la bière et des stations thermales

A l'époque du Saint Empire romain germanique, la Franconie était plus morcelée que les autres régions allemandes en petits et minuscules Etats soumis à l'autorité de l'empereur et qui parfois ne comprenaient qu'un village.
Ce n'est qu'avec la sécularisation et la médiatisation sous l'influence de Napoléon qu'elle fut en grande partie intégrée, en 1806, à la Bavière. La division actuelle en Haute, Moyenne et Basse-Franconie date de 1837. La manière de vivre des Franconiens a été largement conditionnée par les données géographiques naturelles.
Au sud-est, il y a le massif jurassien appelé Jura franconien qui s'étend du haut Main au nord jusqu'aux vallées de l'Altmühl et du Danube au sud. Le Jura franconien est un haut plateau karstique qui s'élève à une altitude de 500 mètres environ avec des éminences dépassant nettement les 600 mètres de hauteur. Un paysage unique s'est formé entre Bamberg à l'ouest, Bayreuth à l'est et Forchheim au sud: la Suisse franconienne, une région très touristique. D'étroites vallées, des rivières au cours abondant, des rochers abrupts, de hautes aiguilles rocheuses caractérisent cette partie du Jura franconien qui compte également un millier de grottes parmi lesquelles la Teufelshöhle (grotte du Diable) près de Pottenstein, la Binghöhle (grotte préhistorique) près de Streitberg et la Sophienhöhle près de Rabenstein sont les plus connues.
Des villages et des villes ravissantes aux constructions à colombage typiques, des églises, des monastères et quelque deux cents

Franconia: wine, beer – and water

At the time of the Holy Roman Empire, Franconia was split up more than any other German region into small and tiny states, subject to the emperor alone, and yet sometimes amounting to no more than one village. Not until the secularization and mediatization under Napoleon's influence was the greater part of it integrated in Bavaria. The present division into Upper, Central, and Lower Franconia has obtained since 1837.
The Franconian lifestyle has been largely determined by the landscape. In the southeast are the Jurassic uplands, which, here called the Franconian Alb or Uplands, extend from the upper reaches of the River Main in the north down to the Altmühl and Danube valleys in the south. The Alb is a high, rugged limestone plateau rising generally to an altitude of about 500 metres, but peaking here and there to considerably more than 600 metres. In the south, between Bamberg in the west, Bayreuth in the east, and Forchheim in the south, lies a unique stretch of countryside: Franconian Switzerland, a favourite holiday area. It is a region of narrow valleys, steep rockfaces, and towering crags, with about a thousand caves, the most famous of which are the Devil's Cave near Pottenstein, Bing Cave near Streitberg, and Sophia Cave near Rabenstein.
Picturesque villages and towns, many with fine half-timbered houses, churches, monasteries, and about two hundred palaces and castles add colour and interest to the countryside. Franconian Switzerland is a dream landscape for romantics and nature-lovers. Although the

Wasserarmut ihrer Hochfläche gegenüber. Es ist eine karge Landschaft, die dem Bauern große Probleme bereiten kann.
Im Norden der Alb liegt das Fichtelgebirge, von dem aus sich der Frankenwald in nordwestlicher Richtung hinzieht. Beide Mittelgebirge bilden den Rand einer gigantischen Granitschüssel, in die Franken, das Schichtstufenland, gewissermaßen eingebettet ist. Im Fichtelgebirge bietet sich eine großartige Urgebirgslandschaft dar. Bizarre Felsgebilde, Felsgruppen, ganze Felsmeere und Felslabyrinthe sind wahre Wunder der Natur, zum Beispiel die Luisenburg bei Wunsiedel.
Das Fichtelgebirge war und ist kein Bauernland – allein wegen des Klimas hier in 800 bis über 1000 Meter Höhe. Mineralien wie Zinn, Silbereisen, Feldspat, Quarz und Glimmer, später auch Gold bestimmten den Menschen zum Bergmann und Handwerker, der Wald machte ihn zum Holzfäller und Flößer. Namen wie Goldmühl, Goldkrug und Goldkronach weisen auf die einstige Goldgräberzeit hin. Weltruf hatte Ende des 19. Jahrhunderts die Glasindustrie erlangt.
Anders gestaltet ist der Frankenwald: eine rechte Mittelgebirgsschwelle, die gleichwohl nur an wenigen Stellen höher als 700 Meter steigt. An seinem Südrand haben die Mainzuflüsse steilwandige Täler eingesenkt. Ein prachtvoller Nadelwald überzieht die Talhänge. Weberei, Holz- und Industriearbeit waren früher die wichtigsten Tätigkeitszweige dort. Heute sind die Schiefersteinbrüche hinzugekommen. Wer eine unberührte Ferienlandschaft sucht, der Frankenwald bietet sie. Zwei Städte sind hervorzuheben: das markgräfliche Kulmbach, ehemals eine bedeutende Residenzstadt mit der Plassenburg, und Kronach, ein städtebauliches Juwel, das in der Rosenburg eine beachtliche Gemäldesammlung eingerichtet hat.
Folgen wir den Waldgebirgen, den Haßbergen, dem Steigerwald, der Rhön und dem Spessart nach Westen, dann haben wir das »Land der armen Leute« durchwandert. Die Haßberge gehören wie auch der Frankenwald und der

châteaux et forteresses ajoutent au charme du paysage. Pour les romantiques et les amoureux de la nature, le Jura franconien est une région de rêve. Si les vallées et l'intérieur du Jura abondent en cours d'eau, ses hauts plateaux sont peu irrigués. C'est une région pauvre qui peut poser de gros problèmes au paysan.
Dans le nord de l'Alb se trouve le Fichtelgebirge (Montagne des Pins) d'où part en direction du nord-ouest le Frankenwald (Forêt de Franconie). Ces deux montagnes moyennes forment la bordure d'une gigantesque cuvette granitique dans laquelle la Franconie, une région de strates, est en quelque sorte encastrée. Le Fichtelgebirge offre un paysage grandiose de terrains primitifs. De curieuses formations rocheuses, des groupes de rochers, des mers entières de roches et des labyrinthes rocheux sont de véritables merveilles de la nature, comme par exemple le Luisenburg près de Wunsiedel.
Le Fichtelgebirge n'a jamais été vraiment une contrée agricole – rien que par son climat rude à une altitude de 800 à 1000 mètres. Des gisements de minéraux comme l'étain, le minerai argentifère, le feldspath, le quarz et le mica, l'or par la suite ont fait des habitants des mineurs et des artisans, la forêt en a fait des bûcherons et des bateliers de trains de bois. Des noms comme Goldmühl (Gold: or), Goldkrug et Goldkronach rappellent l'époque des chercheurs d'or. A la fin du XIXe siècle, l'industrie du verre a acquis une réputation mondiale.
Le Frankenwald a une autre configuration: c'est un véritable plateau subalpin bien qu'il dépasse rarement les 700 mètres de hauteur. Sur son contrefort méridional, les affluents du Main ont creusé des vallées aux parois abruptes. Une magnifique forêt de conifères recouvre les versants des vallées. Le tissage, le travail du bois et le travail industriel constituaient autrefois les principales activités de la région auxquelles s'ajoutent aujourd'hui les carrières d'ardoise. Celui qui cherche une région de vacances intacte la trouvera dans le Frankenwald. Deux villes méritent une mention particulière: Kulmbach, ancienne capitale du margraviat des Hohenzollern de Franconie avec le

valleys are blessed with plenty of water, the plateau is arid, permitting little more than subsistence farming.
In the northern part of the Uplands, northeast of Bayreuth, are the Fichtel Mountains, and from there the Franconian Forest stretches away northwestward. These two formations make up the fringe of a gigantic granite basin in which Franconia is set, as it were, and where alternate layers of hard and soft rock which weather at different rates, result in a highly diversified countryside. The magnificent scenery of the Fichtel Mountains, for example, characterized by bizarre rock formations and clusters, boulder-fields, and rocky warrens, is one of nature's wonders, exemplified in the Luisenburg labyrinth near Wunsiedel.
The Fichtel Mountains have never really been farming country – the harsh climate alone at the prevailing altitude range of between 800 and 1,000 metres would be enough to prevent that. Here the miner and craftsman is at home thanks to mineral resources such as tin, silver, feldspar, quarz, and mica, and later gold; and the lumberman and raftsman, thanks to the forest. Place-names such as Goldmühl, Goldkrug, and Goldkronach recall past gold-mining days. By the end of the 19th century, the glass industry had gained an international reputation.
The Franconian Forest, is a real sub-alpine plateau, despite the fact that it rarely tops 700 metres. Its southern slopes have been deeply scored by tributaries of the River Main, and their valley sides are clothed with magnificent conifers. Weaving, timber-processing and small-scale industry were once the dominant activities here; now slate quarries are important, and yet anyone looking for an unspoilt holiday area will find it here. Two towns are particularly worth mentioning: Kulmbach, with Plassenburg Fortress, once a princely residence, and Kronach, with many fine houses and an important collection of paintings in Rosenberg Castle.
To the west of Bamberg, and forming a great arc at a respectful distance from the city of

Steigerwald zum fränkischen Keupergebirge. Charakteristisch für diese Landschaft sind der Sandstein und große Waldgebiete auf den armen Böden. Im Süden begrenzt die Haßberge der Main, im Osten der Thüringer Wald und im Westen das Grabfeld. An den Hängen zum Main hin wächst Frankens Wahrzeichen, die Weinrebe.
Arm sind auch die meisten Böden im Spessart, das wellige Plateau ruht auf Buntsandstein. Es ist eines der größten zusammenhängenden Waldgebiete Deutschlands, war einst ein beliebtes Jagdrevier der Fürsten. Ein alter Merkvers umreißt seine Grenzen, er lautet: »Kinzig, Sinn und Main schließen den Spessart ein.« Heute wird der Spessart von einer Autobahn durchzogen, erschließen ihn Wanderwege und Trimmpfade.
Wenden wir uns von den kargen Gebirgen Nordbayerns – der Rhön, dem Spessart, den Haßbergen, dem Steigerwald – ab und betrachten die reicheren Talschaften etwas näher, wie sie sich den Main aufwärts und an seinen Nebenflüssen hinziehen. Gehören die Main- und Regnitzauen einschließlich ihrer weitgespannten Umgebung doch dank des fruchtbaren Lößbodens zum Ertragreichsten, was Franken einem Landwirt bieten kann.
Weinumrankt ist Würzburg, die Bischofs- und Universitätsstadt. Sie ist auch ein Eisenbahn- und Straßenverkehrsknotenpunkt. Weinkennern bietet eine Fahrt die Bocksbeutelstraße entlang ins altbesiedelte Maindreieck eine Besonderheit: Sie treffen dabei auf bekannte Lagen wie den »Teufelskeller«, den »Sonnenstuhl«, den »Randersacker« und andere mehr.
Ähnlich im Charakter wie die Haßberge nördlich des Mains, erstreckt sich südlich des Flusses der Steigerwald. Er ist ein überwiegend von Laubwald bedecktes Hügelland, dessen höchsten Bergen ein, zwei Meter bis zur 500er-Grenze fehlen, nichts Spektakuläres also, wie geschaffen für ruhige Tage in einer Sommerfrische. Im Steigerwald grenzen Unter, Ober- und Mittelfranken aneinander.
Wo der Steigerwald zur Regnitz hin ausläuft, breitet sich der alte Bischofssitz Bamberg aus.

Plassenburg et Kronach, un joyau d'architecture urbaine avec une importante collection de peintures au Rosenburg.
En suivant les montagnes boisées, les Hassberge, le Steigerwald, la Rhön et le Spessart en direction de l'ouest, nous traversons le «pays des pauvres gens». Les Hassberge font partie, comme le Frankenwald et le Steigerwald des montagnes du trias supérieur. Du grès et de grandes étendues de forêts sur des terres pauvres caractérisent cette contrée. Au sud, le Main délimite les Hassberge, à l'est c'est le Thüringer Wald et à l'ouest le Grabfeld. Sur les versants de la vallée du Main, on trouve le symbole de la Franconie, les vignobles.
Dans le Spessart également, la plupart des sols sont pauvres, le plateau ondulé repose sur du grès bigarré. C'est une des plus grandes régions boisées d'Allemagne et ce fut autrefois un terrain de chasse favori des princes. Aujourd'hui, le Spessart est traversé par une autoroute, des chemins de randonnée et des parcours de santé le sillonnent.
Quittons les massifs arides de la Bavière septentrionale – la Rhön, le Spessart, les Hassberge, le Steigerwald – et contemplons plus attentivement les vallées plus riches en amont du Main et de ses affluents. Grâce à leur sol fertile constitué de loess, les prairies du Main et de la Regnitz ainsi que leurs environs très étendus font partie des régions les plus productives de la Franconie. Wurtzbourg, la ville épiscopale et universitaire, est entourée de vignobles. C'est également un nœud ferroviaire et routier. Les amateurs de bons vins auront plaisir à suivre la route des *Bocksbeutel* (les Bocksbeutel – outres de bouc – sont ces bouteilles plates à corps arrondi où l'on conserve les vins de Franconie) dans le triangle du Main au peuplement ancien. Ils y verront des endroits célèbres comme le «Teufelskeller» (cave du diable), le «Sonnenstuhl» (chaise du soleil), le «Randersacker» et bien d'autres encore.
D'un caractère semblable aux Hassberge au nord du Main, le Steigerwald s'étend au sud du fleuve. C'est une région montueuse essentiellement couverte d'une forêt d'arbres feuillus

Würzburg, we find a succession of wooded heights – the Hassberge, the Steigerwald, the Rhön, and the Spessart – "the poor people's country". Typical of the Hassberge are the extensive forests growing on thin soil above a sandstone base. To the south, the Hass Mountains are bordered by the River Main, and to the west by the fertile Grabfeld region. On the slopes above the Main grows Franconia's symbol: the vine.
The soil in the Spessart Forest – an undulating plateau based on sandstone, and one of the largest continuous areas of woodland in Germany – is also mostly thin and poor. Once a princely hunting preserve, it is now bissected by a motorway, and is good walking country, with a network of footpaths and trails.
Let us turn away for a moment from these inhospitable mountainous regions to take a look at the richer valleys of the River Main and its tributaries. The pastures along and near the Main and the Regnitz are some of the most productive in the whole of Franconia. The cathedral and university town of Würzburg, on the banks of the Main, is a wine-growing centre par excellence. The palace of the prince-bishops, built under the direction of Balthasar Neumann, restored after suffering considerable damage in 1945, is regarded as Germany's finest Baroque building.
Wine-fanciers following the Wine Route, called the "Bocksbeutelstraße" after the flat-sided Franconian wine-bottles, will meet a lot of old friends: "Teufelskeller", "Sonnenstuhl", "Randersacker" and a host of other famous sites.
The Steigerwald region to the south of the Main is similar in character to the Hass Mountains to the north of the river. It is hilly, and covered largely by deciduous woods, whose highest elevations rise to just under 500 metres – unspectacular, but ideal for quiet, relaxing summer holidays. Lower, Upper, and Central Franconia meet in the Steigerwald.
At the point where the Steigerwald meets the Regnitz we find Bamberg, with its fine Gothic cathedral and many outstanding Baroque buildings. It has recently become a university town,

Heute Universitätsstadt und Standort für verschiedene Industriezweige, besitzt Bamberg unter Kennern als Sitz von Spezialbrauereien einen hervorragenden Namen. Manche sagen, die wahren Kleinodien fränkischer Braukunst würden nur hier oder in einer der zahlreichen Brauereien der näheren Umgebung hergestellt.

Südlich an den Steigerwald schließt die Frankenhöhe an, Laub- und Mischwald und Wiesen wechseln sich in ihrer Bedeckung reizvoll ab. Die Frankenhöhe bringt die Rezat, die Altmühl und die Wörnitz zunächst in südöstlicher Richtung in Fluß, die Tauber jedoch in nordwestlicher. – Und dort, wo das obere, flache Taubertal sich tief in den Muschelkalk einzugraben beginnt, trifft man auf Rothenburg, die alte, guterhaltene Reichsstadt, natürlich ein Touristenmagnet.

Zwischen dem Fränkischen Stufenland und der Fränkischen Alb liegt Bayerns zweitgrößte Stadt, Industriezentrum auch: Nürnberg. Vor mehr als fünfhundert Jahren besaß Nürnberg das größte Gebiet aller deutschen Reichsstädte, seine Waren gelangten in alle Welt, und mit der Reformation wuchsen die politische und künstlerische Bedeutung auf nie wieder erreichte Höhen.

Anzusprechen sind noch die fränkischen Kurorte, die wir in einer Vielzahl vorfinden. Man denke an das Kneippbad Berneck, an die Mineral- und Moorbäder wie Bad Bocklet, Bad Brückenau, Bad Kissingen, Bad Neustadt, Bad Steben, Bad Windsheim und nicht zuletzt an Bad Alexandersbad mit seinen Heilquellen und dem Moorkurbetrieb im Fichtelgebirge, ganz im Nordosten Oberfrankens. – Wasser, Wein und Bier, ein Triumvirat, das Franken zu Franken macht.

dont les plus hautes montagnes n'atteignent pas tout à fait les 500 mètres d'altitude, rien de spectaculaire donc, une région comme faite exprès pour y passer des journées d'été paisibles. La Basse, la Haute et la Moyenne-Franconie jouxtent dans le Steigerwald.

Là où le Steigerwald se termine en direction de la Regnitz s'étend l'ancienne ville épiscopale de Bamberg. Aujourd'hui ville universitaire, Bamberg accueille également diverses branches industrielles et jouit chez les connaisseurs d'un excellent renom comme siège de brasseries réputées. D'aucuns disent que les meilleures bières franconiennes sont fabriquées ici ou dans une des nombreuses brasseries des environs.

Au sud du Steigerwald se trouve la Frankenhöhe, des forêts d'arbres feuillus, des forêts mixtes et des champs y alternent pour former une ravissante couverture. La Rezat, l'Altmühl et la Wörnitz traversent la Frankenhöhe en direction du sud-est tandis que la Tauber la sillonne en direction du nord-ouest. Et là où la vallée supérieure, plate de la Tauber commence à s'enfoncer dans le calcaire coquillier, on trouve Rothenburg, une ancienne ville impériale bien conservée, un véritable aimant pour les touristes.

Plus à l'est, dans le bassin central franconien se trouve la deuxième grande ville de Bavière qui est également un centre industriel: Nuremberg. Il y a plus de cinq cents ans, Nuremberg possédait le plus grand territoire de toutes les villes impériales libres allemandes, ses marchandises allaient dans le monde entier et avec la Réformation son importance politique et artistique atteignit un niveau jamais égalé depuis.

Il faut encore parler de la multitude des stations thermales franconiennes. On songe à Bad Berneck, une station de cures Kneipp, à des stations de cures d'eau minérales et de bains de boue comme Bad Bocklet, Bad Brückenau, Bad Kissingen, Bad Neustadt, Bad Steben, Bad Windsheim et aussi à Alexandersbad avec ses sources minérales et ses bains de boue dans le Fichtelgebirge, tout au nord-est de la Haute-Franconie. L'eau, le vin et la bière, un triumvirat qui fait de la Franconie ce qu'elle est.

is a port on the Rhine-Main-Danube Canal, and a growing industrial centre. It is also noted amongst the beer-cognoscenti for its specialized breweries, producing, among other types, a dark beer with a smoky flavour. Some people maintain that the very best of Franconian beer is produced here or in one of the numerous breweries in the vicinity.

To the south of the Steigerwald lie the Franconian Heights, with their charming, variegated woodlands. From here the Rezat, Altmühl, and Wörnitz rivers emerge, flowing south-eastwards at first. The River Tauber, however, runs north-westwards, and at the point where it begins to cut deep into the fosilliferous limestone we find Rothenburg, the old free imperial city, and a prominent tourist attraction, almost too well-preserved to be true.

Further to the east, in the Central Franconian basin, lies Bavaria's second-largest city, and one of south Germany's leading industrial towns: Nürnberg. More than five hundred years ago Nürnberg's territory was the largest of all German free imperial cities. Its golden age came during the Reformation when it attained the zenith of its political and artistic importance. Albrecht Dürer is only one of the famous names closely associated with Nürnberg.

Franconia is blessed with many spas and health resorts drawing on mineral and thermal springs, and providing peat baths and Kneipp treatments: Bad Berneck, Bad Bocklet, Bad Brückenau, Bad Kissingen, Bad Neustadt, Bad Steben, Bad Windsheim, and Bad Alexandersbad – water, wine and beer, a triumvirate which have helped to make Franconia what it is.

Blühendes Frankenland
Im Frühling versinken in der Fränkischen Schweiz Häuser und Orte im Blütenmeer dieses großen Kirschanbaugebiets.
Der Aschaffenburger Hafen verhilft durch seine günstige Verkehrslage an der Großschiffahrtsstraße Rhein-Main-Donau der Stadt zu wirtschaftlicher Blüte.

La Franconie en fleurs
Au printemps, en Suisse franconienne, les maisons et les localités disparaissent quasiment sous les fleurs de cette immense cerisaie.
Bien situé sur la grande voie navigable du Rhin-Main-Danube, le port d'Aschaffenburg a contribué à la prospérité économique de la ville.

Flourishing Franconia
In springtime the houses and villages in "Franconian Switzerland" half disappear among the blossoms of that "loveliest of trees, the cherry".
Thanks to its position on the Rhine-Main-Danube Waterway, the town of Aschaffenburg flourishes in a different way.

Das Tal der Haferlohr
Der Spessart hat seinen Charakter als Waldgebirge bewahrt. Anstelle der Eiche sind heute in seinem südlichen Teil die Buche, im nördlichen Kiefer und Fichte getreten. Zu Königs Zeiten war der Spessart ein beliebtes herrschaftliches Jagdgebiet. Im Gegensatz zum knapp 600 Meter hohen Hochspessart, wo es nur wenige Quellen und Siedlungen gibt, weist der Vorderspessart nördlich von Aschaffenburg mehr Ackerland auf und ist stärker besiedelt.

La vallée de l'Haferlohr
Le Spessart a su conserver son caractère de région montagneuse et boisée. Dans sa partie sud, les chênes ont cédé la place aux hêtres, dans sa partie septentrionale aux pins et aux épicéas. Ce fut autrefois une réserve de chasse royale. Si le Haut-Spessart avec ses quelque 600 mètres d'altitude est aride et peu habité, le Spessart antérieur par contre, au nord d'Aschaffenburg, est plus fertile et aussi plus peuplé.

The Valley of the Haferlohr
The Spessart, at one time a royal hunting preserve, has retained its ancient character as a wooded mountain range. The original oaks, however, have largely been replaced in the south by beech, and in the north by pine and spruce. In contrast to the arid and sparsely settled higher parts, rising to 600 metres, the Vorderspessart, to the north of Aschaffenburg, is more fertile and consequently more heavily populated.

Märchenschloß und »Alltagsburg«
Wie ein Zauberschloß im Märchen wirkt Schloß Mespelbrunn im Spessart. Versteckt scheint es, obwohl weitbekannt, in den von Geheimnissen umwitterten Wäldern des Mainvierecks zu liegen. Anders dagegen Rothenfels: reizvoll zwar unter der rötlichen Sandsteinwand, doch mit dem Hauch des Alltäglichen bei weitem weniger auffällig.

Deux châteaux, l'un féérique, l'autre «quotidien»
Bien que très connu, le château de Mespelbrunn dans le Spessart semble caché dans les forêts mystérieuses de la région du Main et comme sorti d'un conte de fées.
Celui de Rothenfels est tout différent: charmant certes au-dessous de la paroi de grès rougeâtre mais nettement moins impressionnant avec son air quotidien.

Castles Poetic and Prosaic
Schloss Mespelbrunn in the Spessart Forest: a fairy-tale castle, secluded and yet well-known, like a poetic vision – as opposed to Rothenfels, which, despite its snug position beneath the warm red of the sandstone cliff, has a more workaday aspect.

Kargheit und Prunk
Nur Schafe können der Weide am Kreuzberg, im Süden der Hohen Rhön, genug abgewinnen. Bei Fladungen beschert der Boden reichere Ernte.
▶▶ Vollendeter Barock: die Würzburger Residenz, als Bischofssitz von Balthasar Neumann errichtet. Gewaltig das Treppenhaus mit dem riesigen Deckengemälde des Venezianers Giovanni Battista Tiepolo.

Pauvreté et faste
Seuls les moutons peuvent trouver suffisamment de nourriture sur le Kreuzberg, au sud de la Haute Rhön. Mais près de Fladungen, les terres donnent des récoltes plus abondantes.
▶▶ Un monument du baroque: la Résidence des princes-évêques à Wurtzbourg de Balthasar Neumann. L'escalier monumental surmonté de la fresque de Tiepolo.

Austerity and splendour
Only sheep are capable of finding sufficient nourishment on Kreuzberg in the south of the High Rhön region, but the lower ground near Fladungen, to the north, yields richer harvests.
▶▶ Superlative Baroque: the Palace of the Prince Bishops in Würzburg by Balthasar Neumann, with its grand staircase surmounted by Tiepolo's immense fresco.

Krone und Kirche, Wein und Lebensader
Die hoch auf einem Bergkegel thronende Veste Coburg, die »Fränkische Krone« über der gleichnamigen Stadt vom Schloßpark aus gesehen.
▶▶ Nicht weniger erhaben überragt die berühmte Wallfahrtskirche Vierzehnheiligen, die man »das Lächeln Gottes über dem Main« nennt, das Tal. Balthasar Neumann hat hier sein wohl vollkommenstes Werk geschaffen. Weinberge wie bei Sommerhausen begleiten den Main vielerorts. Ein berühmtes fränkisches Weinanbaugebiet ist die Mönchsleite.

Forteresse, église et vignobles
Vue du parc du château, la «Veste Coburg», surnommée la «Couronne franconienne», une forteresse qui trône au-dessus de la ville du même nom.
▶▶ Non moins imposante, la célèbre église de pèlerinage des Quatorze Intercesseurs, que l'on appelle «le sourire de Dieu au-dessus du Main», surplombe la vallée. C'est certainemement l'œuvre la plus parfaite de Balthasar Neumann. La Mönchsleite est une célèbre région de vignobles franconiens.

Crown and church, wine and waterway
Coburg Fortress – the "Crown of Franconia" – on a hill above the town of Coburg, seen from the Castle Gardens.
▶▶ No less impressive is the famous pilgrimage church of Vierzehnheiligen, which, rising above the river, has been called "The Maker's smile above the Main". It is, perhaps, Balthasar Neumann's greatest building. Mönchsleite, to the south of Würzburg, is one of Franconia's many famous wine-growing sites.

Machtdemonstrationen

▼ *Die Nürnberger Burg wurde unter den Staufern zu einer der stärksten Festungen des Mittelalters.*

▶ *In Dinkelsbühl, der alten Reichsstadt, wirkt alles kleiner, gemütlicher, dennoch wehrhaft.*

▶▶ *Das Bamberger Alte Rathaus auf der Regnitz-Insel und die Eremitage zu Bayreuth, eine Art Maskerade für die Hofgesellschaft.*

Manifestations de force

▲ *Sous les Hohenstaufen, le château de Nuremberg est devenu une des forteresses les plus redoutables du moyen âge.*

▶ *A Dinkelsbühl, l'ancienne ville impériale, tout paraît plus petit, plus intime mais néanmoins défensif.*

▶▶ *Le vieil hôtel de ville de Bamberg sur l'île de Regnitz et l'Ermitage de Bayreuth construit pour la cour.*

Demonstrations of power

▲ *Under the Hohenstaufens, Nuremberg's castle became one of the most redoutable fortresses of the Middle Ages.*

▶ *The old imperial city of Dinkelsbühl, despite its defensive character, looks smaller, cosier.*

▶▶ *Bamberg's Old Town Hall stands on an island in the Regnitz. The Eremitage in Bayreuth was built as a summer palace for the court.*

Rothenburger Blickfang
So ganz unversehrt haben Rothenburg und seine Umgebung leider nicht alle Zeiten überstanden. Die doppelbogige Brücke über die Tauber wurde in den letzten Tagen des Zweiten Weltkriegs zerstört. Heute ist das fast vergessen – ein Wunder angesichts der anheimelnden Silhouetten und Fassaden?

Vue de Rothenburg
Rothenburg et ses environs ne sont malheureusement pas sortis aussi indemnes des épreuves du temps. Le pont à deux arches au-dessus de la Tauber a été détruit au cours des derniers jours de la Deuxième Guerre mondiale. Aujourd'hui, cela est presque oublié – rien d'étonnant à la vue des ravissantes façades.

Picturesque Rothenburg
Although so well-preserved, Rothenburg and its surroundings have not been untouched by world events: the two-tier bridge across the Tauber, for example, was destroyed during the final days of the last war – but such things are easily forgotten in the dreamy atmosphere of this historic town.

Die Oberpfalz, die Stein- oder Kartoffelpfalz

Die Oberpfalz war und ist Grenzland gegen Osten hin. Mittelalterliche Handelsstraßen führten von Nürnberg kommend über Amberg nach Prag und Lemberg, ja sogar bis Kiew. Andererseits sollte sie auch als Bollwerk gegen östliche Einfälle dienen. Davon zeugen noch die rund hundert Burgen, die mehr oder weniger erhalten sind und den oft auf die Oberpfalz angewandten Namen »bayerisches Burgenland« begründen.
Als Obere Pfalz wurde sie urkundlich seit 1513 geführt, seit 1837 trägt sie die amtliche Bezeichnung Oberpfalz, der heute kleinste der sieben bayerischen Regierungsbezirke. Ihr landschaftlicher Reiz liegt in den kargen Höhen, den weit sich hinziehenden Bergrücken, den stillen, romantischen Flußtälern und nicht zuletzt in den verträumten mittelalterlichen Städtchen und eben den Burgen. Die Oberpfalz läßt sich ausgezeichnet erwandern: vom Oberen Bayerischen Wald im Südosten, dem Oberpfälzer Wald im Osten, dem Steinwald im Norden bis zur westlich begrenzenden Oberpfälzer Alb und dem wiederum im Südosten liegenden Vorwald.
Vom Steinwald im Norden bis Regensburg im Süden verläuft die Senke der Naab. Insgesamt trennen sieben Oberpfälzer Senken die einzelnen Bergländer. Im Oberen Bayerischen Wald ragen einige Massive deutlich über die 1200-Meter-Grenze hinauf. Die bekanntesten der Oberpfalz sind der Große und der Kleine Osser und der Kamm des Zwerchecks; sie nehmen sozusagen Grenzwächterposition ein. Der Große Arber, mit 1456 Metern höchster

Le Haut-Palatinat, le Palatinat des pierres ou des pommes de terre

Le Haut-Palatinat (Oberpfalz) était et est une région frontalière en direction de l'est. Au moyen âge, venant de Nuremberg et via Amberg, des routes commerciales menaient à Prague et Lemberg et allaient même jusqu'à Kiev. Par ailleurs, le Haut-Palatinat devait également servir de rempart contre les incursions orientales. Ce dont témoignent encore la centaine de châteaux plus ou moins bien conservés et qui justifient le nom de «Pays des châteaux bavarois» que l'on donne souvent au Haut-Palatinat.
La région est mentionnée dans des documents depuis 1513 comme Obere Pfalz, depuis 1837 elle porte le nom officiel de Oberpfalz et est le plus petit des sept districts administratifs que compte la Bavière. Le charme de son paysage réside dans ses hauteurs austères, ses longues croupes de montagnes, les vallées de ses rivières silencieuses et romantiques et aussi dans ses paisibles petites villes médiévales et évidemment dans ses châteaux. Le Haut-Palatinat se prête à de merveilleuses randonnées: de la Forêt Bavaroise septentrionale au sud-est, de la Forêt du Haut-Palatinat à l'est, du Steinwald au nord jusqu'à l'Alb à l'ouest et du Vorwald de nouveau au sud-est.
La dépression de la Naab va du Steinwald au nord jusqu'à Ratisbonne au sud. Au total, sept dépressions séparent dans le Haut-Palatinat les différentes régions montagneuses. Dans la Forêt Bavaroise septentrionale quelques massifs dépassent nettement les 1200 mètres d'altitude. Les plus connus du Haut-Palatinat sont le Grand et le Petit Osser et la crête du

The Upper Palatinate, alias the Stone or Potato Palatinate

The Upper Palatinate (Oberpfalz) was, and still is, a border country. Medieval trade routes ran from Nürnberg via Amberg eastwards to Prague and Lemberg, and even as far as Kiev. On the other hand, the Upper Palatinate also functioned as a bastion against incursions from the east. Evidence of this still exists in the form of some hundred more or less well-preserved castles, which are the reason for the Upper Palatinate often being called Bavaria's Castle Country.
The Upper Palatinate is the smallest of the seven Bavarian administrative districts. The character of its countryside is determined by austere heights, long ranges of hills, quiet, romantic valleys, small picturesque medieval towns, and numerous castles. Its various upland areas all have at least one thing in common: they are delightful walking country.
One of the region's most striking features is the Naab depression, which runs from the Steinwald in the north to Regensburg in the south, and is one of a total of seven depressions which divide the upland areas from one another. The Northern Bavarian Forest can boast a number of massifs which rise well above the 1,200-metre mark, the best-known of which are the Große and Kleine Osser and the Zwercheck Ridge, which stand like sentinels along the border to Bohemia.
The Großer Arber, rising to 1,456 metres, the highest Bavarian peak outside the Alps, also "guards" a border: the line dividing the two administrative districts of Upper Palatinate and Lower Bavaria.

bayerischer Gipfel außerhalb der Alpen, liegt seinerseits nahe einer (Bezirks-)Grenze: der zwischen dem oberpfälzischen Lamer Winkel und Niederbayern.
An den Oberen Bayerischen Wald schließt sich entlang der böhmischen Grenze der Oberpfälzer Wald an. 90 Kilometer ist er lang. Von seinen Höhen bietet sich oft ein guter Überblick. Der innere Reichtum dieses Waldgebirges besteht in Mineralien wie Spat, Quarz, Glimmer und Kaolin, der Porzellanerde. Zählt man die Vorkommen von Eisenerz – zum Beispiel bei Amberg – und den Waldreichtum dazu, kann man sich vorstellen, daß vom 14. bis zum 17. Jahrhundert die Oberpfalz das stärkste Industriegebiet Deutschlands war.
Zwischen dem Oberpfälzer Wald und dem Fichtelgebirge wölbt sich aus dem Tal der Fichtelnaab der Steinwald bis zur Platte mit einer Höhe von 946 Metern empor. Ganz in der Nähe hat die Burgruine Weißenstein ihren luftigen »Hochsitz« auf einem Granitturm. Der Steinwald ist – ähnlich dem Fichtelgebirge – wegen seiner bizarren Felsformationen bekannt, die zu einer reichhaltigen, volkstümlichen Namensgebung angeregt haben.
Wie die Fränkische Alb ist auch die Oberpfälzische gekennzeichnet von karger Hochfläche, von tief eingeschnittenen Flußtälern, von Höhlen wie der Maximiliansgrotte bei Krottensee, der König-Otto-Höhle bei Velburg, dem Großen Schulerloch im unteren Altmühltal.
Bleibt noch der Vorwald im Südosten der Oberpfalz zwischen der Donau und dem Bogen, den das Regental zur Donau hin macht. Dort locken der Wildpark der Fürsten von Thurn und Taxis, das Naturschutzgebiet »Hölle« und der beliebte Luftkurort Falkenstein.
Naab, Vils, Regen und Altmühl sind die wichtigsten Flüsse, die die Oberpfalz in Richtung Donau durchziehen. Eine Ausnahme bildet die Wondreb. Ihr gelingt es, über die böhmische Grenze zu fließen und in die Eger zu münden, die selbst im angrenzenden Oberfranken an der Ostflanke des Fichtelgebirges entspringt.
Kulturell gesehen ist die Oberpfalz ein Füllhorn an baulichen Kunstwerken, Fest- und Heimat-

Zwercheck; ils occupent pour ainsi dire un poste de garde frontière. Le Grand Arber, avec ses 1456 mètres d'altitude le plus haut sommet bavarois en dehors des Alpes, se trouve pour sa part près d'une frontière de district: celle entre le Lamer Winkel du Haut-Palatinat et la Basse-Bavière.
Le long de la frontière de Bohême, la Forêt du Haut-Palatinat rejoint la Forêt Bavaroise septentrionale. Elle a 90 kilomètres de long. Ses hauteurs offrent souvent un beau panorama. La richesse intérieure de ce massif boisé consiste en minéraux comme le spath, le quartz, le mica et le kaolin, la terre à porcelaine. Si l'on compte encore les gisements de minerai de fer – par exemple près d'Amberg – et la richesse en forêts, on peut fort bien comprendre que du XIVe au XVIIe siècle, le Haut-Palatinat ait été la région la plus industrialisée d'Allemagne.
Entre la Forêt du Haut-Palatinat et le Fichtelgebirge, le Steinwald s'élève à partir de la vallée de la Fichtelnaab jusqu'au plateau d'une hauteur de 946 mètres. Tout près, les ruines du château de Weissenstein se dressent sur une tour de granit. Comme le Fichtelgebirge, le Steinwald est connu pour ses curieuses formations rocheuses qui lui ont valu son nom: Steinwald = Forêt de pierres.
Tout comme le Jura franconien, le Jura du Haut-Palatinat est caractérisé par de hauts plateaux arides, des vallées profondément encaissées, des grottes comme la Maximiliansgrotte près du Krottensee, la König-Otto-Höhle près de Velburg, le Grand Schulerloch dans la vallée inférieure de l'Altmühl.
Reste le Vorwald au sud-est du Haut-Palatinat entre le Danube et la boucle que décrit le Regen en direction du Danube. Le parc animalier appartenant aux princes de Thurn et Taxis, le site protégé de la «Hölle» et la station climatique populaire de Falkenstein y sont autant de pôles d'attraction.
La Naab, la Vils, le Regen et l'Altmühl sont les principales rivières qui traversent le Haut-Palatinat en direction du Danube. La Wondreb fait exception. Elle parvient en effet à franchir la frontière de Bohême et à se jeter dans l'Eger

From the Northern Bavarian Forest the Upper Palatinate Forest runs for 90 kilometres along the border to Bohemia, providing sweeping views from various vantage points. The internal riches of this wooded range consist of minerals such as spar, quartz, mica, and kaolin – the clay used for making porcelain. In view of the iron-ore deposits, near Amberg, for example, and the wealth of timber available, it is not surprising to hear that from the 14th to the 17th century the Upper Palatinate was Germany's prime industrial area.
Between the Upper Palatinate Forest and the Fichtel Mountains the Steinwald, or Stein Forest, rises from the Fichtelnaab Valley to a height of 946 metres. Nearby are the ruins of Weissenstein Castle, perched on a granite pillar, one of the bizarre rock formations for which this area – rather like the Fichtel Mountains – is well-known.
Like the Franconian Uplands, the main features of the Upper Palatinate Uplands are its arid plateau, deep river valleys, and caves such as Maximilian's Grotto near Lake Krotten, King Otto's Cave near Velburg, and the Great Schuler Cave in the lower Altmühl Valley.
The last of the upland areas is the Vorwald in the southeast of the Upper Palatinate between the Danube and the bend in the river Regen as it flows towards the larger river. Some of this area's outstanding attractions are the game park belonging to the Princes of Thurn and Taxis, the "Hölle" Nature Reserve, and the popular health resort Falkenstein.
The Naab, Vils, Regen, and Altmühl are the most important rivers that flow through the Upper Palatinate towards the Danube. The River Wondreb is an exception: it crosses the border to Bohemia and joins the Eger, which itself rises back in neighbouring Upper Franconia on the eastern flank of the Fichtel Mountains.
Culturally, the Upper Palatinate is a cornucopia of fine architecture, festivals, and folkloristic and musical events, many of which take place in historical buildings. The two-thousand-year-old city of Regensburg, the region's capital, can boast a wide range of historical buildings, with

spielen, an Musikereignissen vor allem auch in historischen Bauten. Eine Ansammlung aller Stilepochen findet man in Regensburg, das die Zeugnisse seiner zweitausendjährigen Geschichte nahezu unversehrt über den Zweiten Weltkrieg retten konnte.
Neben dem allem weist die Oberpfalz noch eine Besonderheit auf: die Bayerische Eisenstraße. Sie ist eine der jüngsten der fünfzig Ferienstraßen Deutschlands. Von Pegnitz bis Regensburg auf einer Strecke von 120 Kilometern ist das Gesicht des einstigen europäischen Eisenzentrums in Form von Industrie-, aber auch Kulturdenkmälern erkennbar. Dem mittelalterlichen Straßenverlauf folgend, treffen wir von Pegnitz aus auf Orte wie Auerbach, Königstein, Edelsfeld, Sulzbach-Rosenberg und Amberg. In den beiden letztgenannten Städten spielt noch heute die Eisenindustrie eine Rolle. Von Amberg aus führt der alte Wasserweg der Vils und dann der Naab an Orten wie Theuern, Schmidmühlen, Kallmünz vorbei bis Regensburg. Erzgruben, Hammerwerke, Hochöfen bestimmen das Bild. Und in Theuern kommt eine weitere oberpfälzische Besonderheit hinzu: das Bergbau- und Industriemuseum im Schloß, einem einstigen Hammerwerk. Es dokumentiert in eindrucksvoller Weise die Geschichte, macht sichtbar, warum die Oberpfalz als »Ruhrgebiet des Mittelalters« galt. Gleichzeitig ist es auch das »wissenschaftliche Herz der Eisenstraße«, weil dort alle technischen Denkmäler erfaßt und wissenschaftlich neu bearbeitet werden.

qui prend sa source dans la Haute-Franconie voisine dans le flanc oriental du Fichtelgebirge. Sur le plan culturel, le Haut-Palatinat abonde en chefs-d'œuvre d'architecture, en festivals de toutes sortes et aussi surtout en édifices historiques. Tous les styles se trouvent réunis à Ratisbonne qui a pu garder presque intacts au-delà de la Deuxième Guerre mondiale les témoins de son histoire bimillénaire.
Le Haut-Palatinat a en plus une autre particularité: la Route du Fer bavaroise. C'est l'une des plus récentes des cinquante routes de vacances de la République fédérale. Tout au long de cette route, sur un trajet de 120 kilomètres, de Pegnitz à Ratisbonne, on découvre l'aspect de ce qui fut autrefois un centre européen du fer sous la forme de monuments industriels mais aussi culturels. En suivant le tracé médiéval de la route, on rencontre en venant de Pegnitz des localités comme Auerbach, Königstein, Edelsfeld, Sulzbach-Rosenberg et Amberg. Dans ces deux dernières, l'industrie sidérurgique joue encore un rôle aujourd'hui. A partir de Amberg, l'ancien cours de la Vils et de la Naab passe à côté de localités comme Theuern, Schmidmühlen, Kallmünz jusqu'à Ratisbonne. Le paysage est fait de mines, de forges, de hauts fourneaux. Et à Theuern vient s'ajouter une autre particularité du Haut-Palatinat: le musée de la mine et de l'industrie dans le château qui est une ancienne forge. Il documente l'histoire d'une façon impressionnante, montre pourquoi le Haut-Palatinat passait pour la «région de la Ruhr du moyen âge». En même temps, c'est le «cœur scientifique de la route du fer» parce que tous les monuments techniques y sont rassemblés et revus sur le plan scientifique.

splendid examples from the early and high Middle Ages, and what is probably Bavaria's finest Gothic building: St Peter's Cathedral.
In addition to all this, the Upper Palatinate has a further special attraction: the Bavarian Iron Route. It is one of the most recently created of the fifty tourist routes in Germany. Running for 120 kilometres between Regensburg and Pegnitz, it takes the visitor to a series of industrial and cultural monuments – a retrospect of what was at one time Europe's iron centre. Following the medieval route – but fortunately on modern roads – from Pegnitz, we come to places such as Auerbach, Königstein, Edelsfeld, Sulzbach-Rosenberg, and Amberg. The iron industry still plays a part in the last two. From Amberg the old waterway along the rivers Vils and Naab leads past Theuern, Schmidmühlen, and Kallmünz to Regensburg. Iron mines, forges, and blast furnaces are dotted along the route, and in Theuern we find another Upper Palatinate curiosity: a mining and industrial museum in a palace which was at one time a forge. It gives an impressive account of the history of the area, and makes it clear why the Upper Palatinate was once the "Ruhr District of the Middle Ages". At the same time the museum is the "archaeological heart of the Iron Route", as it is there that all the technological monuments have been documented and newly assessed.

In Bayerns Mitte
Weltenburg am Donaudurchbruch kann als wahres Gesamtkunstwerk bezeichnet werden: Die Dramatik der senkrechten Jurakalkfelsen direkt am Fluß findet im Kirchenschiff mit den großartigen Lichteffekten eine Entsprechung. Und nicht zu vergessen: die Klosterbrauerei, das dunkle Bier, der herrliche Biergarten.

Au cœur de la Bavière
Weltenburg peut être considérée comme une œuvre d'art globale. L'aspect théâtral des parois de calcaire jurassique plongeant à la verticale dans le Danube se retrouve dans l'église avec ses merveilleux effets de lumière. La brasserie du couvent procure, elle, des plaisirs plus terre à terre.

In the middle of Bavaria
In combination with its striking site by the Danube Gorge, Weltenburg Monastery can truly be said to form a Gesamtkunstwerk: the dramatic visual impact of the vertical Jurassic limestone rockfaces finds its corollary in the magnificent light effects in the church's interior. And such aesthetic pleasures are complemented by the dark beer from the monastery brewery and the delightful beer-garden.

Höhepunkte in der Provinz
Das Rathaus von Vohenstrauß mit mächtigem Maibaum.
Schön geschnitzte Seitenwange eines Kirchenstuhles im Kloster Speinshart.
Der Further Drachenstich, seit 1878 eigenes Schauspiel, zuvor Teil der Fronleichnamsprozession.

Curiosités provinciales
L'hôtel de ville de Vohenstrauss avec son imposant arbre de mai.
Ravissante sculpture sur le côté d'un banc de l'abbatiale de Speinshart.
La Mise à mort du Dragon, qui faisait partie jadis de la procession de la Fête-Dieu, est depuis 1878 un spectacle indépendant.

Provincial highlights
Vohenstrauss Town Hall, with its great maypole.
Beautifully carved side panel of a pew in Speinshart Monastery.
Slaying the dragon at the Furth im Wald Pageant, originally part of the Corpus Christi Day Procession, now an independent spectacle.

Perlen der Oberpfalz
Kallmünz, Perle des Naabtals. Im Schutz der Burg liegt der Ort, eng begrenzt durch die Vils und die Naab.
Der Regen, einer der Bergwaldflüsse, ein Paradies für Sport- und Hobbyfischer. Eine Besonderheit blieb nur einem Fischer vorbehalten: die Perlenfischerei.

Perles du Haut-Palatinat
Kallmünz, perle de la vallée de la Naab. Protégée par le château, la localité est étroitement enserrée par la Vils et la Naab.
Le Regen, une rivière de montagne, est un paradis pour les pêcheurs. On y trouvait jadis des perles d'eau douce.

Pearls of the Upper Palatinate
Kallmünz, Pearl of the Naab Valley, on a narrow strip of land between the Naab and the Vils, guarded by the castle.
The Regen, fed by springs in the Bohemian Forest, a paradise for anglers, and at one time a source of fresh-water pearls.

Steine und was aus ihnen wird
Wichtiger Erwerbszweig in Flossenbürg sind die Granitbrüche. Auf der Abraumhalde »Monte Kaolino« bei Hirschau finden sogar Sommerskifans eine ideale »Spielwiese«.
▶▶ Industrielle Porzellanfertigung bei Hutschenreuther & Bauscher und Porzellanbemalung bei Seltmann in Weiden; in der Glasbläserei Lamberts in Waldsassen.

Des pierres et ce que l'on en fait
Les carrières de granit sont une importante source de revenus à Flossenbürg. La décharge de «Monte Kaolino» près d'Hirschau offre un terrain idéal pour les adeptes du ski d'été.
▶▶ Fabrication de porcelaine industrielle chez Hutschenreuther & Bauscher et peinture sur porcelaine chez Seltmann à Weiden; soufflerie de verre chez Lamberts à Waldsassen.

Rock and what becomes of it
Granite quarries are an important line of business at Flossenbürg. The waste dump "Monte Kaolino" near Hirschau provides a playground for summer skiers.
▶▶ Industrial porcelain manufacture at Hutschenreuther & Bauscher's, and porcelain painting at Seltmann's in Weiden; scene in the Lamberts Glassblowing Works at Waldsassen.

Unfallgefahr

Wunderwerke
Die Kirche in Kappel ruft zu einer Wallfahrt zur Heiligen Dreifaltigkeit, erstmals 1527 bezeugt.
Der Pfahl, das steinerne Wunder im Bayerischen Wald, hier bei Oberviechtach.
▶▶ Der Regensburger Dom, das Hauptwerk der bayerischen Gotik, davor die 1135 begonnene steinerne Brücke.
Der Bibliothekssaal des Zisterzienserklosters Waldsassen.

Quelques merveilles
L'église de la Sainte-Trinité à Kappel est un lieu de pèlerinage depuis 1527.
Le Pfahl, un couloir de quartz dans la Forêt Bavaroise, ici près de Oberviechtach.
▶▶ La cathédrale de Ratisbonne, une œuvre magistrale du gothique bavaroise avec le Pont de Pierre commencé en 1135. – La bibliothèque de l'abbaye de Cisterciens de Waldsassen.

Masterpieces, natural and artificial
The church of the Holy Trinity at Kappel has been a place of pilgrimage since 1527.
The Pfahl, the great stone dyke in the Bavarian Forest – here near Oberviechtach.
▶▶ Regensburg Cathedral, Bavaria's greatest Gothic building, with the Stone Bridge dating back to 1135. The Library of the Cistercian Monastery at Waldsassen.

Niederbayern: Korn, Hopfen und »gesunde Fünf«

Niederbayern ist der östlichste und der zweitgrößte Regierungsbezirk des Landes. Er umfaßt drei unterschiedliche Naturräume: den Bayerischen Wald, das Unterbayerische Hügelland südlich der Donau und die Isar-Inn-Schotterplatte im Südosten.
Der Bayerische Wald bildet den östlichen Teil der gesamten Grundgebirgslandschaft. Er reicht von der Donauniederung bis zur tschechischen Grenze. Die Einheimischen sprechen von einem Vorderen und einem Hinteren Wald. Eine seiner großen Besonderheiten ist der schon erwähnte Pfahl, die 150 Kilometer lange Verwerfungszone zwischen Schwarzenfeld in der Oberpfalz bis über das niederbayerische Freyung hinaus. Aus dieser Schwächezone in der Erdkruste selbst ragt der Quarzpfahl mauerförmig heraus.
Zu den höchsten Erhebungen im Hinteren Wald, der sich, nur 15 Kilometer breit, aber rund 80 Kilometer lang, von der oberpfälzischen Further Senke bis zum Dreisesselgebiet im Südosten erstreckt, zählen der Arber mit 1456 Meter und der Rachel mit 1453 Meter Höhe. Im Vorderen Wald hingegen erreichen die Höhen nur etwas über 1000 Meter. Trotzdem wirkt er besonders zur Donau hin wie eine Mauer, deren Waldkleid je nach Jahreszeit mal heller, mal dunkler grün, bisweilen auch bräunlichgrau schimmert. Die Nordostflanke mit ihrem lichten, bäuerlichen Siedlungsraum ist flacher.
Die ersten Ansätze einer Industrie in Niederbayern entwickelten sich im Bayerischen Wald, und zwar weil die Landwirtschaft dort – bedingt durch magere Böden und rauhes Klima –

La Basse-Bavière, le blé, le houblon et les «cinq salutaires»

La Basse-Bavière est le plus oriental et le deuxième par sa grandeur des districts administratifs du pays. Elle englobe trois espaces naturels différents: le Bayerischer Wald, le pays montueux de la Bavière inférieure au sud du Danube et le plateau pierreux de l'Isar-Inn au sud-est.
Le Bayerischer Wald constitue la partie orientale de toute la région montagneuse. Il s'étend de la plaine du Danube jusqu'à la frontière tchèque. Les autochtones parlent de la Forêt antérieure et postérieure. Une de ses grandes particularités est le Pfahl (le Pal) déjà mentionné, une zone d'effondrement qui s'étend sur 150 kilomètres de long de Schwarzenfeld dans le Haut-Palatinat jusqu'à Freyung en Basse-Bavière. Le Pfahl est un couloir de quartz qui se dresse au milieu d'une zone de matériaux moins résistants de l'écorce terrestre.
Au nombre des sommets les plus hauts du Hinterer Wald qui, avec 15 kilomètres seulement de large mais quelque 80 kilomètres de long, s'étend de la dépression haute-palatine de Furth jusqu'au Dreisesselgebirge (monts des Trois-Sièges) au sud-est figurent l'Arber avec 1456 mètres et le Rachel avec 1453 mètres d'altitude.
Dans le Vorderer Wald par contre les sommets dépassent à peine 1000 mètres. Malgré tout, surtout en direction du Danube, il ressemble à un mur dont la couverture boisée est selon les saisons parfois plus claire, parfois d'un vert foncé, quelquefois également d'un gris brun. Le flanc nord-est avec son habitat rural, clairsemé, est plus plat.

Lower Bavaria: corn, hops, and the "Healthy Five"

Lower Bavaria, the second largest and the most easterly of Bavaria's administrative districts, comprises three different types of countryside: the Bavarian Forest, the Lower Bavarian Hills to the south of the Danube, and the Isar-Inn gravel tableland in the southeast.
The Bavarian Forest, which extends from the Danube plain to the Czech border, forms the eastern part of the region. The locals like to divide it into two parts, Vorderer Wald and Hinterer Wald. One of its most striking features has already been mentioned: the Pfahl, the 150-kilometre-long quartz dyke running from Schwarzenfeld in the Upper Palatinate to Freyung in Lower Bavaria. It rises like a parapet above a line of weakness in the earth's crust.
Among the highest elevations in the Hinterer Wald, which is only 15 kilometres wide, but about 80 long, extending from the Furth depression in the Upper Palatinate to the Dreisessel Region in the southeast, are Mt Arber (1,456 metres) and Mt Rachel (1,453 metres). In the Vorderer Wald, however, the highest parts rise to only just above 1,000 metres. Nevertheless, when viewed from the Danube it looks like a great wall, whose mantle of forest mutates according to the seasons from pale to dark green with a sprinkling of greyish-brown.
The first industrial activity in Lower Bavaria began in the Bavarian Forest, mainly because farming in that area was not very productive due to the thin soil and rough climate. Mining, and the manufacture of glass began already in the 14th century at Lam and Bodenmais, for

wenig ertragreich war. Bereits im 14. Jahrhundert hatte man mit der Glasherstellung und dem Bergbau begonnen, zum Beispiel bei Lam und Bodenmais. Erst Ende des 19. Jahrhunderts kamen noch die Natursteinindustrie, die Holzbe- und -verarbeitung einschließlich der Papiererzeugung dazu. Mit wachsender Industrialisierung nahm auch die Bevölkerungsdichte zu. Nach dem Zweiten Weltkrieg hat sich jedoch die Industriestruktur entscheidend gewandelt, mehr zum Fahrzeugbau hin.
Ganz anders das Unterbayerische Hügelland: Es ist teils von behäbigen Hügeln mit einem fein verzweigten Talnetz bestimmt, teils prägen die großen, weiten Täler der Isar und des Inns den Charakter der Landschaft – und sicher auch der Menschen.
Das eigentliche Wahrzeichen dieser bäuerlichen Hügellandschaft sind die stattlichen Bauernhöfe und schmucken Dörfer. Besonders der Dungau, der die Donau begleitet und sich südöstlich des Bayerischen Waldes von Regensburg bis Vilshofen erstreckt, ist ein fruchtbares Land, das das Herz eines jeden Bauern höher schlagen lassen muß. Wegen seiner hohen Erträge an Weizen und Zuckerrüben pflegt man es die bayerische Kornkammer zu nennen. Dort wächst mit den Erträgen auch der Wohlstand: »Fetter Boden, reicher Bauer« heißt da die Erfolgsformel.
Doch damit nicht genug. Ein weiterer landwirtschaftlich gesegneter Landstrich ist die Hallertau im Westen des Regierungsbezirks, das weltbekannte Hopfenanbaugebiet. Der edle Bitterstoff des Hopfens, der dem Bier seinen herben Geschmack verleiht, der Bayern zu einem Land der Biertrinker hat werden lassen, versüßt dem Hopfenbauern das Dasein. Rechnet man zur Hallertau noch die Hopfenanbaugebiete östlich von Ingolstadt und bei Spalt im Fränkischen dazu, dann weist Bayern eine größere Anbaufläche auf als Amerika oder Rußland. Die ersten Urkunden über einen Hopfenanbau stammen aus der Hallertau aus dem Jahre 768 n. Chr.
Die Metropolen des heutigen Hopfengebiets sind Mainburg, noch in Niederbayern, und Wolnzach, gerade schon in Oberbayern.

En Basse-Bavière, l'industrialisation a commencé dans le Bayerischer Wald parce que l'agriculture y était moins productive à cause du sol plus pauvre et du climat rude. Dès le XIVe siècle, on avait commencé avec la fabrication du verre et l'exploitation des mines, par exemple près de Lam et de Bodenmais. Ce n'est que vers la fin du XIXe siècle que s'y ajoutèrent l'industrie de la pierre naturelle, l'industrie du bois et la production de papier. La densité de la population augmenta également avec le développement de l'industrialisation. Après la Deuxième Guerre mondiale toutefois, la structure industrielle s'est considérablement transformée, en direction plutôt de la construction automobile.
Le pays montueux de la Bavière inférieure est tout différent: il est composé en partie de paisibles collines avec un réseau très ramifié de vallées, à d'autres endroits les larges et grandes vallées de l'Isar et de l'Inn donnent au paysage son caractère.
Les imposantes fermes et les ravissants villages sont le véritable symbole de cette région agricole. Le Dungau en particulier, qui suit le Danube et qui s'étend au sud-est du Bayerischer Wald de Ratisbonne jusqu'à Vilshofen, est une terre fertile qui doit faire battre plus fort le cœur de chaque paysan. A cause de sa production élevée de blé et de betterave sucrière, on a coutume de l'appeler le grenier à blé bavarois. Avec le rendement croît la richesse: «une terre grasse, un paysan riche», c'est ici la formule du succès.
Mais ce n'est pas tout. Il existe une autre région agricole productive, c'est le Hallertau dans l'ouest du district administratif, la célèbre région houblonnière. La précieuse substance amère qui donne précisément à la bière son goût amer, qui a fait de la Bavière un pays de buveurs de bière, adoucit l'existence des cultivateurs de houblon. Si l'on compte avec le Hallertau les régions houblonnières à l'est d'Ingolstadt et près de Spalt en Franconie, la Bavière peut se vanter d'avoir une plus grande région de production que l'Amérique ou la Russie. Les premiers documents concernant la culture du houblon viennent du Hallertau et

example. It was not until the end of the 19th century that quarrying, timber production and processing, and paper manufacture began. Industrialization led to an increase in population density. After the second world war decisive changes took place, with a shift towards vehicle manufacture.
The character of the Lower Bavarian Hills is softer, more pastoral: rolling countryside with a fine network of minor valleys gives way in the south to the wide valleys of the Isar and Inn. The most striking features of this agricultural hill-country are the large farmsteads and attractive villages. The Dungau area, in particular, which follows the Danube and extends to the southwest of the Bavarian Forest from Regensburg to Vilshofen, is fertile enough to delight the heart of any farmer. It is famous for its wheat, and so is often called the Bavarian granary; sugar-beet is another important crop. Here, prosperity has kept pace with the yields: rich soil, rich farmer, is an apt local saying.
But this is not all. Another stretch of country blessed by nature is the Hallertau – the world-famous hop-growing area in the west of Lower Bavaria. The fine, bitter quality of the hops grown here, which have helped to make Bavaria a beer-drinking land, sweetens the lives of the hop farmers. Thanks to the Hallertau, and the hop-growing districts to the east of Ingolstadt and near Spalt in Franconia, Bavaria can boast of a larger hop-growing area than America or Russia. The first documentary evidence of hop-growing came from the Hallertau, and dates back to 768 AD. The main centres of the hop industry today are Mainburg, which is still in Lower Bavaria, and Wolnzach, which belongs to Upper Bavaria. For miles on end the countryside is dominated by rows upon rows of hop-poles.
In the Lower Bavarian Hills, on the other hand, in the Rott Valley, animal husbandry predominates. At one time horses and cattle were the mainstay, now the emphasis has shifted to pig-rearing. Lower Bavaria is also a leading plant cultivation area: thanks to their exceptional quality, grain varieties from here are sought-

Kilometerweit bestimmen die Stangenspaliere der Hopfenfelder das Bild.
Im Unterbayerischen Hügelland hingegen, im Tal der Rott, wird verstärkt Tierzucht betrieben. Einst war man vor allem auf Pferde und Rinder eingestellt, heute herrscht die Schweinezucht vor. Eine führende Stellung nimmt darüber hinaus Niederbayern auch in der Pflanzenzüchtung ein. Aufgrund ihrer hohen Qualität sind Getreidesorten von hier nicht nur in der gesamten Europäischen Gemeinschaft, sondern auch in Übersee gefragt.
Die stattlichen, besonders die einzelnstehenden Bauernhöfe lassen Niederbayern als ausgeprägt bäuerliche Landschaft erscheinen. Aus Sicherheitsgründen wurden diese Einödhöfe ähnlich den Schlössern und Burgen gestaltet: ein Innenhof von drei oder vier Seiten mit Gebäuden umgeben, weswegen sie auch als Drei- oder Vierseithöfe bezeichnet werden. Johann Linkes Gedicht »Holzhaus« ist eine gute Zustandsbeschreibung: »Hölzerne Wände, hölzerne Stiege,/ Hölzerner Umgang und hölzernes Dach,/ Vierhundertjährig, im festen Gefüge/ Verzahnt und verzapft, doch nirgends schwach./ Kein Eisen verrostet, kein Stein verwittert:/ Das Haus steht sicher und unerschüttert.«
Wie in der Oberpfalz ist auch in Niederbayern die Zahl der Burgen groß, besonders zum Bayerischen Wald hin. Die Gegend um Tittling erhielt sogar den Namen Dreiburgenland. In Schlössern und Schlößchen stoßen wir auf einstige Herrschaftssitze. Für sie steht beispielhaft die fürstbischöflich-passauische Schloßanlage Obernzell, die heute ein interessantes Keramikmuseum birgt.
Betrachtet man Niederbayern historisch, so kann man es als Land zwischen dem spätrömischen Kastell *Boioto*, dem heutigen Passau, der wittelsbachischen Stadtgründung Kelheim und Landshut, der Residenz der Wittelsbacher, verstehen. Da ist zunächst Passau, der uralte Siedlungsboden mit römischer Vergangenheit. Bonifatius hat es zum Bischofssitz erhoben, der christliche Glaube ließ Kirchen entstehen, die zusammen mit dem herrlichen, schon fast

remontent à l'an 768 après J.-C. Les métropoles de la région de production actuelle du houblon sont Mainburg située encore en Basse-Bavière et Wolnzach, en Haute-Bavière. Sur des kilomètres, le paysage est dominé par les rangées de perches à houblon.
Dans la région de collines de la Bavière inférieure par contre, dans la vallée de la Rott, on pratique l'élevage intensif. Autrefois, c'était surtout l'élevage des chevaux et des bovins, aujourd'hui c'est l'élevage des porcs qui prédomine. En outre, la Basse-Bavière occupe une place prépondérante dans la culture des plantes. En raison de leur grande qualité, les espèces de céréales que l'on cultive ici sont demandées non seulement dans toute la Communauté européenne mais aussi outre-mer.
Les imposantes fermes, en particulier celles qui sont isolées, donnent au paysage de Basse-Bavière un aspect éminemment rural. Pour des raisons de sécurité, ces fermes solitaires furent aménagées comme des châteaux et des forteresses: une cour intérieure entourée sur trois ou quatre côtés de bâtiments. C'est pourquoi on leur a également donné le nom de fermes tri- ou quadrilatérales. Le poème de Johann Linke «Holzhaus» (Maison de bois) en donne une bonne description: «Des murs en bois, des escaliers en bois,/ Une galerie en bois et un toit en bois,/ Quadricentenaire, une structure solide/ Endentée et assemblée à tenon, mais nulle part faible,/ Pas un fer rouillé, pas une pierre rongée par le temps:/ La maison est là solide et inébranlable.»
Comme dans le Haut-Palatinat, les châteaux forts sont également nombreux en Basse-Bavière, en particulier en direction du Bayerischer Wald. La région de Tittling a même reçu le nom de Dreiburgenland (le pays des trois châteaux). Ces châteaux petits et grands furent autrefois des résidences seigneuriales ainsi par exemple à Obernzell le château des princes-évêques de Passau qui abrite aujourd'hui un intéressant musée de la céramique.
Si l'on considère la Basse-Bavière sur le plan historique, on peut la comprendre comme le pays entre le Castra Batava des Romains,

after throughout the European Community and overseas.
The large farmsteads, especially the individual ones scattered throughout the countryside, give the region its special character. For security reasons the individual farmhouses were constructed along defensive lines: an interior courtyard surrounded on three or four sides by buildings. Johann Linke's poem "Wooden House" provides a good description of them: "Wooden roof, wooden walls,/ Wooden balconies and halls,/ Unyielding for four hundred years./ Dovetailed and morticed throughout for strength./ With no stone to weather, no iron to rust:/ It's a house every owner can trust."
Lower Bavaria, like the Upper Palatinate, has numerous castles, particularly in the Bavarian Forest region. The palaces and mansions were at one time the homes of local lords. A fine example is the Palace of Obernzell, once the seat of the prince-bishops of Passau, which now houses an interesting collection of ceramics.
From the historical point of view, Lower Bavaria can be defined as lying between the late-Roman fort of Boioto – present-day Passau – the town of Kelheim, founded by the Wittelsbachs, and Landshut, the Wittelsbach residence.
Passau was settled in very early times and was later Romanized. Boniface raised it to episcopal rank. In the course of time, several churches were built which, together with the splendid, almost mediterranean atmosphere of the city, shaped the character of the former principality and present frontier-town of Passau.
Further up the Danube, to the west of Regensburg, is Kelheim, built at the foot of the hill called Michaelsberg, which is crowned by the walls of a Celtic fort. The Old Castle was the germ-cell of the town, which dates back to the High Middle Ages, and which, with its Romanesque St Michael's Church, its Gothic parish church, and the circular Hall of Liberation, built by Ludwig I to commemorate the liberation of Germany from Napoleon's domination, covers a wide historical and architectural spectrum.
To this has been added, for better or for

südländischen Stadtbild den Charakter des einstigen Fürstentums und der heutigen Grenzstadt Passau bestimmen.
Donauaufwärts, westlich von Regensburg, liegt Kelheim – unter keltischen Wallanlagen auf dem Michelsberg. Das Alte Schloß war die Keimzelle dieser hochmittelalterlichen Stadt, die mit der gotischen Pfarrkirche, der romanischen Michaelskirche und mit dem Rundbau der Befreiungshalle aus der Mitte des 19. Jahrhunderts Geschichte sehr unterschiedlich dokumentiert. Denn als modernstes Zeugnis monumentaler Bauten in und um Kelheim könnte man – oder muß man leider – den Abzweig des Rhein-Main-Donau-Kanals von der Donau ins untere Altmühltal ansehen.
Schon den ersten Eindruck in Landshut – der niederbayerischen Bezirkshauptstadt – runden die prachtvolle Residenz mit den Prunkgemächern der Herzöge und die mächtige Burg Trausnitz ab. Und wer die Stadt selbst noch nicht kennt, hat sicher schon von der traditionellen Landshuter Hochzeit gehört. Eingedenk einer Fürstenhochzeit vor über fünfhundert Jahren von großem Glanz und unglaublicher Verschwendung wird in stilechter Kostümierung alle vier Jahre eine kaum noch anzutreffende, der damaligen Zeit getreu nachempfundene Schau aufgeführt.
Vergessen war lange, daß in Niederbayern auch Heilbäder ihre Geschichte haben. Schon zur Zeit der Römer hat man die Heilkraft des Wassers zwischen Inn und Donau genutzt. Leo von Klenze war es dann, der im 19. Jahrhundert in Bad Höhenstadt ein Kurhaus baute, das heute noch besteht. Erst seit 1949 entwickelte sich das Bäderwesen in stärkeren Maße. Von den »gesunden Fünf« spricht man und meint damit Bad Abbach, Bad Füssing, Bad Gögging und die Thermalbäder Griesbach und Birnbach. Füssing verdankt seinen Thermalbadstatus einem Zufall. Bei Ölbohrungen im Jahr 1938 stieß man auf Thermalwasser von 56 Grad Celsius. Aus Rücksicht jedoch auf die böhmischen Heilbäder verbot die Reichsregierung die Nutzung. Der Aufstieg zum Thermalbad vollzog sich erst nach dem Zweiten Weltkrieg.

l'actuelle Passau, Kelheim fondée par les Wittelsbach et Landshut, la résidence des Wittelsbach. Il y a d'abord Passau, ancienne terre de colonisation romaine. Boniface en fit un siège épiscopal, la foi chrétienne y fit édifier des églises qui, avec la physionomie presque méridionale de la ville, caractérisent l'ancienne principauté que fut Passau, aujourd'hui ville frontière.
En amont du Danube, à l'ouest de Ratisbonne, se trouve Kelheim, qui a conservé en partie ses murs d'enceinte celtes sur le Michelsberg. Le Vieux Château a été la cellule germinale de cette ville du haut moyen âge qui, avec l'église paroissiale gothique, l'église St.-Michel romane et la rotonde de la Befreiungshalle (Mémorial de la Libération allemande) du milieu du XIXe siècle offre différents témoignages historiques auquel on pourrait – ou on doit malheureusement – ajouter une construction monumentale moderne: le canal du Rhin-Main-Danube qui s'introduit dans la vallée inférieure de l'Altmühl.
Landshut, le chef-lieu du district de Basse-Bavière est doté d'une somptueuse Résidence avec des chambres d'apparat et d'un imposant château, le château de Trausnitz sur la hauteur qui domine la ville. Nombreux sont ceux qui, tout en ne connaissant pas la ville, ont déjà entendu parler du festival de Landshut qui commémore tous les quatre ans avec beaucoup de faste et une débauche de costumes, répliques exactes de ceux portés à l'époque, un mariage princier célébré il y a cinq cents ans.
Pendant longtemps, on a oublié qu'en Bavière également les stations thermales avaient une histoire. Dès l'époque des Romains, on savait utiliser les vertus curatives de l'eau entre l'Inn et le Danube. C'est Leo von Klenze qui construisit au XIXe siècle à Bad Höhenstadt un établissement de cure qui existe encore aujourd'hui. Mais ce n'est qu'à partir de 1949 que les stations de cure ont vraiment commencé à se développer. On parle des «cinq salutaires» en songeant à Bad Abbach, Bad Füssing, Bad Gögging et aux stations thermales de Griesbach et Birnbach. Füssing doit son statut de station thermale à un hasard. En effectuant des forages

worse, a new monumental structure: the Rhine-Main-Danube Canal, which intrudes into the lower Altmühl Valley.
Landshut, the capital of Lower Bavaria, is dominated by Trausnitz Castle on a steep hill above the town, and, in the town itself, by the former ducal palace, with its magnificent state apartments, and the soaring tower of St Martin's Church. Many who have not been to Landshut will have heard of the Landshut Wedding, which takes place every four years – the colourful re-enactment in the form of a pageant of one of the most splendid court festivities of the Middle Ages.
The Romans already discovered the curative powers of the natural springs between Inn and Danube, but then they were neglected for centuries until the architect Leo von Klenze built a pump-room in Bad Höhenstadt in the 19th century. Only since 1949, however, have the health resorts attained any real importance. Now the best-known spas are the "Healthy Five": Bad Abbach, Bad Füssing, Bad Gögging, Griesbach and Birnbach. Füssing's reputation as a thermal spa was founded on the chance discovery, during test-drillings for oil, of a thermal spring with a temperature of 56 degrees Celsius. But out of consideration for the Bohemian spas just across the border, the German government forbade its exploitation, and Füssing had to wait until after the second world war before it could profit from its natural spring.
Lower Bavaria has a great cultural heritage embracing almost every style: monuments and works of art created by artists from the region and elsewhere. The monasteries founded in the early Middle Ages in the Danube Valley, for example, such as Weltenburg, Metten, and Niederaltaich, now famous for their Baroque interiors created by artists such as the Asam Brothers, or Johann Michael Fischer, are one of Bavaria's greatest cultural assets.
Landshut's architectural treasures, on the other hand, are mainly a legacy of the Late Gothic and Renaissance periods, while in Passau the North Italian influence is supreme. Even a

In Niederbayern sind aus fast jeder Stilepoche lupenreine Kunstdenkmäler erhalten – von Niederbayern und Nichtbayern gleichermaßen geschaffen. Das spiegelt sich schon im einzelnen wider wie den im frühen Mittelalter gegründeten Klöstern des Donautals: Weltenburg, Metten und Niederaltaich. Worauf sich ihr Ruf heute vor allem gründet, sind die in ihnen verwirklichten barocken Ausgestaltungen, von Künstlern wie den Brüdern Asam oder Johann Michael Fischer geschaffen.
In Landshut fällt die künstlerische Blütezeit in die späte Gotik und die Renaissance. Und besonders in Passau spielte der norditalienische Einfluß lange Zeit eine große Rolle. Vergißt man schließlich auch Musiker wie den französisch-österreichischen Komponisten und langjährigen Passauer Hofkapellmeister Georg Muffat nicht und erwähnt den in Niederbayern gebürtigen Naturwissenschaftler Joseph von Fraunhofer, so ist das wenigstens ein kurzer Abriß der kulturellen Landschaft Niederbayern.
Heute gilt es eher als der stille Winkel Bayerns, den schätzt, wer Ruhe, Entspannung und beschaulichen Kunstgenuß sucht und eine deftige Brotzeit samt charaktervollem Gersten- oder Weizenbier nicht verachtet.

pétroliers en 1938, on a trouvé de l'eau thermale à 56 degrés Celsius. Toutefois, par égard pour les stations thermales de Bohême, le gouvernement du Reich en interdisit l'exploitation. Ce n'est qu'après la Deuxième Guerre mondiale que Füssing accéda au rang de station thermale.
La Basse-Bavière a conservé des monuments de presque tous les styles dus aussi bien à des artistes de la région que d'ailleurs. Ainsi par exemple les monastères de la vallée du Danube fondés au début du moyen âge: Weltenburg, Metten et Niederaltaich. Aujourd'hui, leur célébrité est surtout due à l'ornementation baroque que leur ont donnée des artistes tels que les frères Asam ou Johann Michael Fischer. A Landshut, l'apogée artistique se situe dans la période du gothique flamboyant et de la Renaissance tandis qu'à Passau l'influence nord-italienne a été pendant longtemps prépondérante. Pour compléter ce petit aperçu du paysage culturel de Basse-Bavière, on peut également mentionner le compositeur franco-autrichien qui fut pendant longtemps chef d'orchestre de la cour à Passau, Georg Muffat, et le physicien Joseph von Fraunhofer natif de Basse-Bavière.
Aujourd'hui, la Basse-Bavière passe pour être le coin tranquille de la Bavière qu'apprécient ceux qui cherchent le calme, la détente, aiment les plaisirs culturels et ne dédaignent également pas les solides casse-croûte accompagnés d'une bière savoureuse.

thumbnail sketch of Lower Bavaria's cultural history must include the Franco-Austrian composer Georg Muffat, who was organist to the Bishop of Passau for many years, and the physicist Joseph von Fraunhofer, who was born in Straubing.
Today Lower Bavaria is regarded as Bavaria's peaceful corner, offering tranquillity, relaxation, and quiet cultural pleasures, but it is also cherished by all those who know how to appreciate a wholesome cuisine and a good, foaming glass of beer, be it brewed with barley or wheat.

▶ ***Der Arber im magisch leuchtenden Winterkleid, mit 1456 Metern der höchste Berg im Bayerischen Wald.***
▶▶ ***Venedig in Bayern***
Passau, wo »die Mutter Donau den Inn, diesen kraftvollen stürmischen Alpensohn, mit der ›scheuen Ilz‹, der schwarzen Tochter des Bayernwaldes, vermählt«, so ein Passauer. Die Passauer Orgel, größte Kirchenorgel der Welt.

▶ ***L'Arber (1456 m), le plus haut sommet de la Forêt Bavaroise dans son manteau hivernal.***
▶▶ ***Venise en Bavière***
Passau où, comme l'a dit un écrivain du coin, la «Mère Danube marie l'Inn, ce fils impétueux et puissant des Alpes avec la ‹timide Ilz›, la fille noire de la Forêt Bavaroise». Les orgues de Passau, les plus grandes orgues d'église du monde.

▶ ***Mt Arber (1,456 m), the highest mountain in the Bavarian Forest, in its glittering winter mantle.***
▶▶ ***Venice in Bavaria***
Passau, where "Mother Danube betroths the Inn, that powerful, impetuous son of the Alps, with the 'demure Ilz', the black daughter of the Bavarian Forest" – as a local writer puts it.
The Passau Cathedral organ – the world's largest church organ.

Neuburg am Inn

Auf einem Steilhang über dem Inn thront die Burg von Neuburg. Wenige Jahre nach 1000 gegründet, 1310 einmal niedergebrannt, wechselte die Feste häufig Besitzer und Gestalt. Heute ist sie eine Residenz des Geistes als Sitz der Europäischen Akademie Neuburg.

Neuburg sur l'Inn

Le château de Neuburg couronne un versant abrupt au-dessus de l'Inn. Construit peu après l'an 1000, détruit par le feu en 1310, il a changé plusieurs fois de propriétaire et d'aspect. C'est aujourd'hui le siège de l'Académie européenne de Neuburg.

Neuburg on the Inn

Neuburg Castle, on a steep slope above the Inn. Built soon after the year 1000, destroyed by fire in 1310, the castle has changed hands and appearance frequently. Today it is the seat of the Neuburg European Academy.

Landmarken in Landshut
Zwei Bauwerke beherrschen die niederbayerische Hauptstadt: zum einen die Burg Trausnitz, von den Herzögen auf einen steilen Hügel gebaut, in der sich die Narrentreppe findet. In der Stadt setzten die Bürger ein kühnes Gegengewicht, das spätgotische Münster Sankt Martin mit dem 132 Meter hohen Backsteinturm.

Les repères de Landshut
Deux édifices dominent la capitale de la Basse-Bavière: le château de Trausnitz, construit par les ducs de Bavière-Landshut sur une colline escarpée, avec l'escalier des Fous. Et son audacieux contrepoids: la cathédrale Saint-Martin du gothique flamboyant avec sa tour en brique (132 m).

Landmarks in Landshut
Two buildings dominate the capital of Lower Bavaria: Trausnitz Castle, built by the Dukes of Lower Bavaria on a steep hill; one of its features: the Fools' Staircase. In the town the burghers erected a bold counterpoise: the late-Gothic brick-built Minster of St Martin, with its 132-metre-high tower.

Ländliche Idylle
Eine idyllische Landschaft mit stattlichem Bauernhof und weitläufigen Feldern – Bilder, die vom bäuerlichen Wohlstand zeugen, vielleicht aber dem ländlichen Leben zuviel Beschaulichkeit unterstellen. Gleichwohl ließen sich dort, abseits vom Massentourismus, Ruhe und Entspannung suchen.

Scène champêtre
Un paysage idyllique avec une ferme imposante et de vastes champs – qui témoignent du bien-être mais donnent peut-être une image trop paisible de la vie paysanne. Quoiqu'il en soit, c'est un endroit où l'on peut trouver le calme et la détente à l'écart du tourisme de masse.

Pastoral scene
An idyllic landscape with a fine farmhouse and extensive fields – pictures that suggest prosperity, but also perhaps an unrealistic degree of peacefulness. And yet it is obviously a place that offers rest and relaxation beyond the bounds of mass tourism.

Schwaben: weißes Gold, Schrothkur, hohe Gipfel

Schwaben, ein Name, abgeleitet von den Sueben/Sweben, bezeichnet als amtlicher Begriff seit 1934 den westlichsten bayerischen Regierungsbezirk. Es ist ein traumhaftes Erlebnis, im Frühjahr das Land von Norden nach Süden zu durchwandern, wenn die Weiden Löwenzahngelb tragen, auf den Hügeln stattliche Bauernhöfe, die Milchburgen des Landes, sich mit Obstbaumblüten umgürten, wenn der Frühling aus allen Poren der Landschaft sprießt und der scheidende Winter Felsengrau freigibt. Dieses schwäbische Alpenvorland hatte dieselben Geburtshelfer wie das oberbayerische: die Gletscher, Eisströme, die ihre Moränen ins Land schleppten und nach dem Abschmelzen zurückließen und so die Landschaft formten. Üblicherweise wird das zu Bayerisch-Schwaben und einen Streifen breit zu Württemberg gehörende Allgäu durch die Städte Buchloe, Mindelheim, Memmingen, Leutkirch und Wangen nach Norden umrissen. Wird die Landschaft des Unterallgäus von flachen Hügeln, breiten Bach- und Flußtälern bestimmt, so finden wir im Westallgäu steilere Hänge und manche felsdurchsetzte Flanke. Im Ostallgäu bestechen die abwechslungsreichen Hügel.
Zwar fehlen im Allgäu größere Seen wie in den Zungenbecken des oberbayerischen Vorlandes, doch die vielen kleineren Seen und Weiher sind nicht minder reizvoll. Dazu kommen noch die zwei Speicher Forggensee und Grüntensee, deren Ufern man die künstliche Flutung nicht mehr ansieht.
Den mächtigen Abschluß im Süden Schwabens bilden die Allgäuer Alpen, ein bedeutsamer Teil

La Souabe: du lait en abondance, des stations de cure, des sommets élevés

La Souabe, un nom dérivé des Suèves/Suebi, est depuis 1934 l'appellation officielle du district administratif le plus occidental de la Bavière. C'est une merveilleuse expérience que de traverser au printemps le pays du nord au sud lorsque les prés arborent le jaune des pissenlits, que les imposantes fermes sur les collines, qui approvisionnent le pays en lait, se ceignent des fleurs des arbres fruitiers, lorsque le printemps jaillit de tous les pores du paysage et donne congé à la grisaille de l'hiver. Ce pays préalpin souabe a eu les mêmes parents que le haut-bavarois: les glaciers, les courants de glace, qui ont traîné leurs moraines dans le pays et les y ont abandonnées, formant ainsi le paysage que nous connaissons aujourd'hui. Habituellement, l'Allgäu qui fait partie de la Souabe bavaroise et, avec une étroite bande de territoire, du Wurtemberg est délimité en direction du nord par les villes de Buchloe, Mindelheim, Memmingen, Leutkirch et Wangen. Alors que le paysage de l'Allgäu inférieur est formé de collines plates, des larges vallées des ruisseaux et des rivières, l'Allgäu occidental arbore des versants plus abrupts et des flancs entrecoupés de rochers. L'Allgäu oriental a, lui, un paysage montueux et varié.
Certes, on ne trouve pas en Allgäu des lacs aussi grands que ceux de la partie avancée de la Haute-Bavière mais ses nombreux petits lacs et étangs n'en sont pas moins ravissants. Il faut également mentionner les deux lacs de retenue, le Forggensee et le Grüntensee, dont les rives ne trahissent plus aujourd'hui leur origine artificielle.

Swabia: dairy farms, health resorts, and high peaks

Swabia, the official name of Bavaria's most western administrative district since 1934, is derived from that of some of the region's early inhabitants, the Suevi. If you are good on your feet, it is a wonderful experience to hike through this region from north to south in springtime, when the meadows are yellow with dandelions, when the orchards around the imposing hilltop farmhouses – the main source of Bavaria's abundant milk supply – are in full bloom, when vernal forces are on the march everywhere, expelling the winter even from the highest peaks. This Swabian Alpine Foreland was born of the same parents as its Upper Bavarian equivalent: the glaciers of the Ice Age, which carried their moraines here with them and then, during the great thaw, left them behind, high and dry, to form the hilly landscape we know today.
One of the most attractive parts of Swabia is the Allgäu, a narrow strip of which extends into the neighbouring state of Württemberg. It is a hilly and mountainous region whose northern border is generally defined by a line connecting the towns of Buchloe, Mindelheim, Memmingen, Leutkirch, and Wangen. Allgäu divides naturally into three parts: Lower Allgäu, characterized by rolling hills and broad valleys, West Allgäu, an area of steep, rocky escarpments, and East Allgäu, delightfully varied hill country.
The Allgäu has no lakes comparable in size to those of the Upper Bavrian foreland, but it has innumerable smaller lakes and ponds which have a charm of their own – and two large

der Nördlichen Kalkalpen. Der Allgäuer Hauptkamm, der vom Iseler bei Hindelang bis zum Widderstein reicht, stellt mit seinem Zentrum Trettachspitze, Mädelegabel und Hohes Licht ein großes Panorama der Himmelstürmer dar. Für alle Freunde der Alpen sind aber ebenso die anderen Teile der Allgäuer Alpen eine einzigartige Erlebniswelt. Es spielt dabei auch keine Rolle, welchem Staat oder Bezirk der Gipfel zugehört, auf dem man gerade steht. So haben die österreichischen Bundesländer Vorarlberg und Tirol erheblichen Anteil an den Allgäuer Alpen, und das beliebte Touristenziel Kleines Walsertal unterliegt seit über hundert Jahren einer Doppelstellung: politisch ein Teil Vorarlbergs, wirtschaftlich Deutschland verbunden.
Die Iller mit ihren Quellflüssen Trettach, Stillach und Breitach scheidet die hohen Allgäuer Alpen von den etwas niedrigeren des Westallgäus und des Bregenzer Waldes. Nördlich an den Allgäuer Hauptkamm schließt die Nebelhorn-Daumen-Gruppe an, und östlich zweigen die Hornbachkette mit dem Großen Krottenkopf (2657 m) als höchstem Allgäuer Gipfel und der Hochvogelstock ab. Daran anschließend erhebt sich das Tannheimer Gebirge, zum größten Teil auf Tiroler Gebiet gelegen, ebenfalls mit einem deutschen Zollanschlußgebiet, Jungholz.
Vor allem die zerklüfteten Felsgebilde des verwitterungsträchtigen (Haupt-)Dolomits sind ständigem Wandel unterworfen. Einen schönen Gegensatz unterhalb der höchsten Felsberge bilden die lieblichen Alpweiden, die einem blumenfarbig gewirkten Grünteppich gleichen.
Schwaben ist ein Land der intensiven landwirtschaftlichen Nutzung. So wird im Norden, im Bereich der Donau, Ackerbau betrieben, nahe dem Bodensee bestimmen Obst-, Gemüsegärten und -plantagen das Bild, in Mittelschwaben und im Allgäu dominiert die Weidewirtschaft. Schon seit dem Mittelalter sind hier Viehzucht und Milchwirtschaft die beiden Haupterwerbszweige. Die heutigen Leistungen und Einrichtungen der Landwirtschaft sprechen ihre eigene Sprache: Jährlich werden im Allgäu von

Les Alpes de l'Allgäu, une partie importante des Alpes calcaires septentrionales, dominent le sud de la Souabe. La crête principale de l'Allgäu, qui s'étend de l'Iseler près de Hindelang jusqu'au Widderstein, forme un majestueux panorama avec la Trettachspitze, le Mädelegabel et le Hohes Licht. Mais, pour les fervents de la montagne, les autres parties des Alpes de l'Allgäu sont tout aussi uniques. Et ceci quel que soit l'Etat ou la région dont fait partie le sommet sur lequel on se trouve précisément. C'est ainsi qu'une partie importante des Alpes de l'Allgäu appartient aux provinces autrichiennes du Vorarlberg et du Tyrol et que le Kleines Walsertal, une merveilleuse vallée très fréquentée par les touristes, a depuis plus d'un siècle une situation particulière: politiquement, elle appartient au Vorarlberg mais elle est reliée économiquement à l'Allemagne.
L'Iller avec ses trois sources, Trettach, Stillach et Breitach, partage les hautes Alpes de l'Allgäu des Alpes moins élevées de l'Allgäu occidental et de la Forêt de Bregenz. Au nord de la crête principale de l'Allgäu on trouve le groupe du Nebelhorn et du Gross-Daumen, à l'est la chaîne du Hornbach avec le Grosser Krottenkopf (2657 m), le plus haut sommet de l'Allgäu, et le massif du Hochvogel. Vient ensuite le massif du Tannheim, situé en grande partie en territoire autrichien avec également une région rattachée économiquement à l'Allemagne, le Jungholz. Les rochers déchiquetés des calcaires dolomitiques sont soumis à des transformations constantes dues à l'érosion.
Au-dessous des montagnes rocheuses les plus élevées, les prairies alpines, qui ressemblent à un tapis vert tissé de fleurs, forment un charmant contraste.
La Souabe est une région d'exploitation agricole intensive. C'est ainsi que dans le nord, dans la région du Danube, on cultive les terres tandis que près du lac de Constance les vergers et les potagers et les plantations d'arbres et de légumes caractérisent le paysage et qu'en Souabe centrale et dans l'Allgäu, l'élevage et la production laitière sont les deux principales branches d'activité depuis le moyen âge. Les

reservoirs, Forggensee and Grüntensee, whose shores no longer betray their artificial origin.
The south of Swabia is dominated by the majestic barrier of the Allgäu Alps, which constitute a substantial part of the Northern Limestone Alps. The main ridge, which extends from Mt Iseler near Hindelang to Mt Widderstein, forms a majestic panorama of soaring peaks, including Trettachspitze, Mädelegabel, and Hohes Licht. But for mountain-lovers, the other parts of the Allgäu Alps are equally fascinating, and it is all the same to them which state or administrative district has territorial rights to the peak they happen to be standing on: an important point in this region, as considerable tracts of the Allgäu Alps belong to the Austrian federal states of Vorarlberg and Tirol, and the popular Kleines Walsertal enjoys a double status: politically it has belonged to Vorarlberg for the last hundred years, but is a German customs area.
The River Iller, with its source streams Trettach, Stillach, and Breitach, separates the high Allgäu Alps from the somewhat lower Alps of West Allgäu and the Bregenz Forest.
The Nebelhorn-Daumen Group rises to the north of the main Allgäu Ridge, and to the east is the Hornbach Chain with the Grosser Krottenkopf (2,657 m), the highest Allgäu peak, and the Hochvogel Massif. Then come the Tannheim mountains, the greater part of which lie in Tirol, and which also include a German customs enclave called Jungholz.
The craggy surface of the limestone rock in particular is subject to constant change through weathering. A fine contrast to such rugged beauty is provided by the high Alpine meadows, which extend below the peaks like a tapestry of green embroidered with flowers.
Swabia is intensively farmed, with arable farming dominant in the north, along the Danube, fruit and market-gardening near Lake Constance, and animal husbandry in central Swabia and the Allgäu, where livestock and milk production have been the mainstay of farming since the Middle Ages. The efficiency of modern

einer halben Million Kühen rund zwei Milliarden Liter Milch erzeugt, wobei zwei Drittel davon zu Milchprodukten verarbeitet werden. Aus dem Allgäu kommt ein Viertel der Käseproduktion in Deutschland. So bedarf es keiner Erklärung, wieso in Kempten eine Käsebörse eingerichtet und eine Lehr- und Versuchsanstalt für die Ausbildung von Fachkräften und die Überwachung der Milchqualität geschaffen wurde. Der Name »Käseküche Deutschlands« trifft auf das Allgäu voll zu – und dürfte derzeit bei manchen Bauern einen bitteren Nachgeschmack hinterlassen angesichts der europäischen Milchquotenregelungen.
Stolze Zeugen dieser Agrarwirtschaft sind die mächtigen Einzelhöfe, die dem Landschaftsbild eine eigene Note verleihen. Streusiedlungen solcher Art gab es schon im 16. Jahrhundert; sie waren damals auf Betreiben des Kemptener Fürstabtes angelegt worden.
Nicht zu unterschätzen ist andererseits die schwäbische Industrie. Sie wird einmal vom Waldreichtum des Landes bestimmt. Darauf fußt die holzbe- und -verarbeitende Industrie mit ihren mehr als 250 Sägewerken, mit dem Möbelhandwerk und den Möbelfabriken. Dazu kommen noch große Papierfabriken und Druckereien. Seit 1468 sind Drucker in Augsburg, seit 1480 in Memmingen daheim. 1505 erschien in Augsburg bereits eine Zeitung, und zwar täglich. Und der Prachtband »Theuerdank«, ein allegorisches Versepos über Kaiser Maximilian I., wurde 1517 dort hergestellt.
Rotationsmaschinen in alle Welt liefert MAN wie auch Schiffsdiesel und Großdieselmotoren. Andere Industriezweige sind die Veredelungsindustrie, die feinmechanischen und elektronischen Fabriken mit Sitz in Augsburg, in Memmingen, Pfronten, Nesselwang. In Illertissen beheimatet ist der Welt größter Erzeuger von halbsynthetischen Wachsen. Schon seit dem Mittelalter florierte auch die Textilindustrie. Bis nach Spanien lieferten Augsburger und Kemptner Leinweber ihre Produkte.
Zum Handwerk zählen die vielen Spezialwerkstätten für den Bergsport. Die zahlreichen Möglichkeiten zu wandern, Berg zu steigen, zu klet-

performances et les installations agricoles actuelles parlent d'elles-mêmes: chaque année, en Allgäu, un demi-million de vaches produisent environ deux milliards de litres de lait dont deux tiers sont transformés en produits laitiers. Un quart de la production de fromage en Allemagne vient de l'Allgäu. Il n'est donc pas besoin d'expliquer pourquoi on a créé à Kempten une bourse du fromage et un établissement d'enseignement et de recherche pour la formation de personnels spécialisés et le contrôle de la qualité du lait. L'Allgäu passe pour être la région du fromage par excellence de l'Allemagne et plus d'un paysan du coin doit avoir comme un arrière-goût amer en songeant aux réglementations européennes des quotas du lait.
Les imposantes fermes isolées, qui donnent au paysage son caractère particulier, sont les fiers témoignages de cette économie agricole. Ce genre d'habitats dispersés existait déjà au XVIe siècle; ils avaient été créés à l'époque à l'initiative du prince abbé de Kempten.
D'autre part, il ne faut pas négliger l'industrie souabe dans laquelle, un jour, la richesse en bois du pays sera le facteur déterminant. C'est sur cela que compte l'industrie de transformation du bois avec ses 250 scieries, son artisanat et ses fabriques de meubles. Il faut y ajouter de grandes fabriques de papier et des imprimeries. Depuis 1468 il y a des imprimeurs à Augsbourg, depuis 1480 à Memmingen. En 1505 paraissait déjà un quotidien à Augsbourg. Et l'ouvrage «Theuerdank», une farce allégorique en vers sur l'empereur Maximilien Ier, y fut imprimé en 1517.
MAN livre des rotatives dans le monde entier ainsi que des moteurs Diesel marins et d'autres gros moteurs Diesel. Les autres branches industrielles sont l'industrie de transformation, les fabriques de mécanique de précision et les fabriques d'électronique dont les sièges sont à Augsbourg, Memmingen, Pfronten, Nesselwang. Illertissen accueille le plus grand fabricant du monde de cires semi-synthétiques. Depuis le moyen âge déjà, l'industrie du textile y est également florissante. Les tisserands

agriculture is reflected in a few statistics: in the Allgäu half a million cows produce a total of about two thousand million litres of milk a year, two thirds of which are used for milk products. A quarter of Germany's cheese is produced in the Allgäu. Thus it is not surprising that a cheese exchange has been established in Kempten and that a college/research institute has been created for the training of specialists and the monitoring of milk quality. The Allgäu is not knicknamed "Germany's Dairy" for nothing, although the present European restrictions on milk production are no doubt a bane to farmers here as elsewhere.
The thriving agricultural activity is reflected in the large individual farmsteads which give the countryside its own special character. Scattered settlements of this kind already existed in the 16th century, having been built at the instigation of the then prince abbot of Kempten.
But Swabian industry is also a power to be reckoned with. One sector is based on the region's timber resources, which provide the raw materials for the timber and the wood-processing industries, with more than 250 sawmills, and for furniture manufacture. There are also large paper factories and printing shops. Printers have been established in Augsburg since 1468, and in Memmingen since 1480. Augsburg's first newspaper – a daily! – appeared as early as 1505. And an elaborate edition of "Theuerdank", an allegorical epic poem on Emperor Maximilian I, was printed there in 1517.
The MAN company, in Augsburg, exports rotary printing presses, marine diesels and other large diesel engines all over the world. The finishing industry is an important employer, and there are instrument and electrical engineering factories in Augsburg, Memmingen, Pfronten, and Nesselwang. The world's largest manufacturer of semi-synthetic waxes is based in Illertissen. The textile industry has also thrived since the Middle Ages: Augsburg and Kempten linen weavers have shipped their products as far as Spain.
Important crafts include the many special workshops catering for mountain sports.

tern oder Ski- und Eissport zu betreiben, im Sommer zu segeln und zu surfen, lenken einen Strom von Touristen ins Allgäu, der mit rund 18 Millionen Übernachtungen jährlich zu Buche schlägt. Bäder und vor allem die bekannten Schrothkuren sowie die Kneippanwendungen leisten ein übriges.
Der Kunstfreund wird im Allgäu mit Kostbarkeiten verwöhnt. Da sind die Königsschlösser Ludwigs II. bei Füssen, da ist Jakob Hieblers Totentanz in der Füssener St.-Anna-Kapelle. Da ist das Memminger Rathaus mit schönster Rokokofassade, die St.-Martins-Kirche mit dem herrlichen Chorgestühl, von Hans Herlin und Heinrich Stark 1502–1507 geschaffen, da ist Jörg Lederers Hauptwerk, der Hindelanger Altar in der dortigen Pfarrkirche, da ist die originelle Rokokokorbkanzel in der Irseer Klosterkirche und da ist neben hier unaufzählbar Vielem die Klosteranlage Ottobeuren mit Kaisersaal und Bibliothek. Wer großartige Volkskunst erleben will, der sollte sich die Genhofener Kapelle an der alten Salzstraße ansehen. Er trifft dort auf phantastische Wandmalereien, auf magische Zeichen, Davidstern und Hakenkreuz in Schwarzrot, auf Jagdszenen wie in steinzeitlichen Höhlen. Es sind dies bis heute ungelöste Rätsel für den Kunsthistoriker. Die Kapelle war eine Einkehrstätte ganz und gar nicht einfältiger Bauern und Salzfuhrleute.
Schwaben im ganzen gesehen ist eine reichhaltige Sammlung landschaftlicher und kultureller Kostbarkeiten.

d'Augsbourg et de Kempten livraient leurs produits jusqu'en Espagne.
Les nombreux ateliers spécialisés dans le sport de montagne sont à ranger dans l'artisanat. Les multiples possibilités de faire des randonnées, de l'alpinisme, du ski, du sport sur glace, en été de la voile et du surf attirent un grand nombre de touristes en Allgäu qui enregistre quelque 18 millions de nuitées par an. Les stations thermales contribuent également à cette affluence de visiteurs.
En Allgäu, l'ami des arts trouvera également son compte. Il y a d'abord les châteaux royaux de Louis II près de Füssen, la Danse macabre de Jakob Hiebler dans la Sankt-Anna-Kapelle à Füssen. L'hôtel de ville de Memmingen avec sa belle façade rococo, l'église St. Martin avec les merveilleuses stalles réalisées par Hans Herlin et Heinrich Stark de 1502 à 1507, il y a l'œuvre principale de Jörg Lederer, l'autel de l'église paroissiale de Hindelang, la chaire rococo originale de l'abbatiale d'Irsee et puis, à côté d'un grand nombre d'autres œuvres d'art, l'abbaye bénédictine d'Ottobeuren avec la salle impériale et la bibliothèque. Celui qui veut rencontrer un merveilleux exemple d'art populaire doit voir la chapelle de Genhofen sur l'ancienne route du sel. Il y trouvera des peintures murales fantastiques, des signes magiques, des scènes de chasse comme dans des grottes préhistoriques dont l'origine reste un mystère. C'est là que s'arrêtaient pour prier et méditer ceux qui n'étaient sans doute pas que des paysans et des transporteurs de sel.
Considérée dans son ensemble, la Souabe est une riche collection de trésors géographiques et culturels.

And the countless possibilities for walking, mountain or rock climbing, skiing and skating, sailing and surfing, attract a constant stream of tourists to the Allgäu, where about 18 million overnight stays a year are registered. Spas and specialized health resorts are another important factor.
The art-lover will be in his seventh heaven in the Allgäu: Ludwig II's royal palaces near Füssen; Jakob Hiebler's Dance of Death in the St Anna Chapel in Füssen; Memmingen Town Hall with its splendid Rococo façade; St Martin's Church with its superb choirstalls of 1502–1507 by Hans Herlin and Heinrich Stark; Jörg Lederer's masterpiece, the Altar in Hindelang parish church; the highly original Rococo pulpit in the form of the bows of a ship in the Irsee monastery church; the great monastery complex of Ottobeuren, with its Emperor's Hall and library – these are just some of the region's riches.
Anyone interested in remarkable folk art should visit the Genhofen Chapel on the old Salt Route, where he will find fantastic murals with magical symbols and hunting scenes reminiscent of Stone-Age drawings. Their origin is still a matter of mystery. The chapel was a place of prayer or meditation for what were obviously not just simple peasants, or carriers working the Salt Route.
Swabia: a treasure-house overflowing with scenic beauty and cultural gems.

Abend im bayerischen Schwaben
Wieder ein Bild zum Träumen, das die flüchtige Stimmung einer Viertel, vielleicht halben Stunde wiedergibt. Es ist keine Sehenswürdigkeit, die man unbedingt besucht haben muß, keiner der vielen vielen touristischen Glanzpunkte Bayerns, aber trotzdem sehenswert.

Le soir en Souabe bavaroise
Encore une image de rêve qui reflète l'atmosphère fugitive d'un soir. Ce n'est pas une de ces curiosités que le touriste se doit de visiter mais cela mérite néanmoins d'être vu.

Sundown in Bavarian Swabia
Another dream-inducing view capturing the fleeting evening atmosphere: not one of the sights that are a must for every tourist in Bavaria, but well worth looking at nevertheless.

Klingendes Ottobeuren
Der Kunsthistoriker Georg Dehio zählt Kloster Ottobeuren zu den ersten und gewaltigsten Leistungen des deutschen Barock. Seine Gründe dafür: faszinierende Ausstattung, prachtvolle Dekoration, ein herrliches Chorgestühl und die beiden Orgeln von Karl Riepp. Im Sommer finden hier Konzerte statt.
Schwesterliche Vesperpause im Innenhof.

La musique d'Ottobeuren
Pour l'historien Georg Dehio, l'abbaye d'Ottobeuren s'inscrit au nombre des chefs-d'œuvre du baroque allemand. Ses raisons: un aménagement remarquable, une décoration somptueuse, de merveilleuses stalles et les deux orgues de Karl Riepp. Des concerts y sont donnés en été.
Goûter dans la cour intérieure.

The sound of Ottobeuren
The art historian Georg Dehio counted Ottobeuren Monastery among the greatest masterpieces of the Baroque period in Germany. His reasons: remarkable furnishings, resplendent decoration, magnificent choir stalls, and the two organs by Karl Riepp. Concerts are given here in summer.
Sisterly snack in the inner courtyard.

Hexentanz
Junge Burschen verbergen sich hinter den Hexenmasken. Als Moorhexen treiben sie während des Fasnetumzugs in Lindau auf den Straßen ihren Schabernack mit den Zuschauern. Der wilde Ausdruck der Masken verrät, daß Bayern am Bodensee bereits ans Alemannische grenzt.

Danse des sorcières
Des jeunes gens se cachent sous les masques des sorcières pour la cavalcade de Carnaval à Lindau et font des niches aux spectateurs. L'expression sauvage des masques montre qu'au lac de Constance, la Bavière jouxte déjà la région alémanique.

Dance of the witches
The witches' masks conceal young lads dressed up for the Carnival parade in Lindau, and determined to have their fun with the onlookers. The wild expression of the masks betrays the fact that along Lake Constance Bavaria borders on the Alamannic region to the west.

Winterliches Allgäu
Allgäu im Winter durchfahren bedeutet immer wieder, »den Schneewehenfängern«, sprich Schneezäunen zu begegnen.
Wo die motorisierte Pferdestärke versagt, da ist das Pferd noch König, wie bei dem Bauern aus dem Hintersteiner Tal, der Wildfutter nach oben schafft.

Scène hivernale en Allgäu
Les barrières dressées pour la neige se rencontrent un peu partout en Allgäu en hiver.
Le cheval reste roi là où les chevaux-vapeurs défaillent, comme ici dans la vallée de l'Hinterstein quand il s'agit d'amener de la nourriture aux bêtes dans la montagne.

Winter scene in the Allgäu
Snow fences: a typical feature of the Allgäu region in winter.
The horse is still king in places where mechanical horsepower fails, as here in the Hinterstein Valley when winter fodder has to be taken up the mountain for the deer.

Beredtes Gestein
Die Breitach hat sich gewaltsam ihren Weg gebahnt, die nach ihr benannte Klamm geschaffen. Sie ist eine Fundgrube für Geologen und alle, die schön blank geschliffene Kieselsteine mögen.
Der westliche Rand des Rieskessels liegt hart an der Grenze zu Württemberg. Eindrucksvoll der Kraterrand, von einem Meteor geschaffen.

Une roche éloquente
La Breitach s'est frayée difficilement un chemin à travers la gorge du même nom, véritable mine d'or pour les géologues et les amateurs de pierres bien polies.
La bordure occidentale de la dépression du Ries, créée par la chute d'un météore, est tout près de la frontière du Wurtemberg.

Eloquent rock
The River Breitach had to work hard to cut the gorge that bears its name and which is a rich source of material for geologists and all those who like smoothly polished pebbles.
The western edge of the Ries Depression near Nördlingen – created by a meteor colliding with the earth – lies close to the border with Württemberg

Weiter Blick im Allgäu
Wo man auch steht – im Allgäu ziehen die näher und weiter entfernten hohen Berge alle Blicke auf sich. Links »wächst« die breite Welle des Pfrontner Breitenbergs gleichsam aus den sanfteren Hügeln im Ostallgäu, überragt vom kecken Aggenstein, und unten trumpft das mächtige Zugspitzmassiv auf, vom Nebelhorn aus gesehen.

Vaste panorama en Allgäu
Les montagnes ne sont jamais loin en Allgäu. A gauche, la large crête du Breitenberg près de Pfronten, que surplombe l'Aggenstein, s'élève au-dessus des douces collines de l'Allgäu de l'Est et sur la photo au-dessous l'imposant massif de la Zugspitze vu du Nebelhorn.

Sweeping view in the Allgäu
The mountains are never far away in the Allgäu region. On the left the broad back of Mt Breitenberg near Pfronten, topped by the pert Aggenstein, rises out of the gentler hills of East Allgäu, and in the picture above, seen from Mt Nebelhorn, the Zugspitze towers massively skywards.

SPORT-ECKE
IDUNA
CAFE
RESTAURANT
CONDITOREI

Augsburg, zwei Seiten einer Medaille
Aus der Gründung der Römer wurde im Mittelalter eine Weltstadt, Handelszentrum von internationalem Rang. Heute ist Augsburg eine moderne Industriestadt. Besonders die Familie der Fugger, Händler und Bankiers, trug zur früheren Bedeutung bei.
▼ *Die Fuggerei, eine Stiftung, gilt als erster Sozialwohnungsbau der Welt.*

Augsbourg, les deux revers d'une médaille
Fondée par les Romains, la ville est devenue un centre commercial de niveau international au moyen âge grâce en grande partie aux Fugger, une famille de négociants et de banquiers. Aujourd'hui, Augsbourg est une ville industrielle moderne.
▲ *La Fuggerei passe pour être le plus ancien groupe social du monde.*

Augsburg: two sides of the coin
Founded by the Romans, Augsburg became a trading centre of international importance in the Middle Ages, thanks largely to the Fuggers, a family of merchant princes and bankers. It is now a modern industrial town.
▲ *The Fuggerei, a medieval almshouse foundation, is regarded as the world's first social housing scheme.*

Südeingangspforte zum Ries
Dort liegen Ort und Burg Harburg. Burgherren waren einst die Grafen von Oettingen. Die beiden Häuser und die alte Brücke über die Wörnitz sind Zeugen ganz unterschiedlicher Zeiten, Baustile und Auffassungen vom Bauen.

La porte du sud sur le Ries
Avec le village et le château de Harburg, résidence autrefois des princes d'Oettingen. Les deux maisons et le vieux pont sur la Wörnitz témoignent d'époques et de conceptions d'architecture fort différentes.

The southern gateway to the Ries,
guarded by the village and castle of Harburg, once the seat of the Counts of Oettingen. The two houses and the old bridge across the Wörnitz represent quite different ages, styles of building, and attitudes towards architecture.

Traumschlösser
Hohenschwangau steht an der Stelle einer ehemaligen Burg, die den Rittern von Schwangau gehörte. Aus ihren Reihen kam der Minnesänger Hiltpold von Stein. Kronprinz Max II. erwarb die Ruine und ließ sie im Stil des Nordens umbauen.
▼ Schloß Neuschwanstein, aufgenommen in einer geheimnisvoll-düsteren Abendstimmung.

Châteaux de rêve
Hohenschwangau est situé à l'emplacement d'un château, propriété des chevaliers de Schwangau dont l'un fut le minnesinger Hiltpold von Stein. Le futur roi Maximilien II acheta la ruine et la fit transformer en néo-gothique vers 1832.
▲ Le Neuschwanstein dans une lumière crépusculaire hivernale.

Dream castles
Hohenschwangau stands on the site of a castle that belonged to the Knights of Schwangau, one of whom was the minnesinger Hiltpold von Stein. Crown Prince Max II bought the ruin and had it rebuilt in the neo-Gothic style in the 1830's.
▲ Neuschwanstein Castle in the mysterious, ominous light of a winter evening.

Ein Hauch von Alpenglühen
Welche Gipfel es genau sind, die in der tiefstehenden Sonne zu erglühen scheinen, spielt eigentlich keine Rolle. Jedenfalls sind einige der höchsten der Allgäuer Alpen darunter, Berge, die schon im Sommer gute Kondition, Ausrüstung und Umsicht erfordern. Im Winter sind die meisten nur für sehr geübte (Ski-)Bergsteiger zu erreichen.

Une touche d'Alpenglühen
Quelques-uns des plus hauts sommets des Alpes de l'Allgäu colorés en rouge feu après le coucher du soleil par la réflexion des rayons solaires sur des cirrus. Ce genre de sommet est uniquement accessible en été aux escaladeurs de haut niveau et en hiver aux skieurs très entraînés.

A touch of "Alpenglühen"
Sundown on a group of high peaks in the Allgäu Alps. The setting sun sometimes produces – as here – an effect called "Alpenglühen" (Alpine glow), which bathes the mountain tops in pinkish light. Such heights can be reached only by skilled climbers in the summer and by skilled skiers in the winter.

Mittelalterliches Häusermeer
Füssen zu Füßen des hohen Schloßbergs. Klar grenzt sich an seinem Fuß Kloster Sankt Mang ab. Es entwickelte sich auf einer Mönchszelle und einer Marienkirche durch Neu- und Umbauten zur heutigen Anlage.
Der Bachlauf bei Seeg wirkt aus der Vogelperspektive in seiner mäandernden Form wie ein in die Landschaft graviertes Schriftzeichen.

Une mer de maisons médiévales
Füssen au pied du Hohes Schloss avec l'ancienne abbaye bénédictine fondée par saint Magnus, «l'apôtre de l'Allgäu», qui abrite aujourd'hui un petit musée régional.
Vu à vol d'oiseau, le cours du ruisseau près de Seeg ressemble à des traits qu'une plume aurait gravés dans le paysage.

Medieval medley
Füssen at the foot of Castle Hill, with the former Monastery of St Magnus, which now houses the Town Hall and a museum.
From the air, the course of the stream near Seeg looks like a hieroglyph carved in the meadow.

Oberbayern, nicht nur Alpenglühen und Kirchenglanz

Eines der Zauberwörter des modernen Tourismus heißt Oberbayern. Es löst in der Phantasie das Panorama einer idealen Ferienlandschaft aus: angefüllt mit dem felsumschlossenen Königssee, dem sagenumwobenen Watzmann, mit Edelweiß und Enzian, mit lebensfrohen Bergdörfern, Folklore und Schuhplattler, mit berühmten Königsschlössern wie Schloß Herrenchiemsee oder Schloß Linderhof, dazu München und der in der Nähe liegende Heilige Berg mit Kloster Andechs, dem Mekka der Biertrinker.
Oberbayern, so gesehen, ein Füllhorn der Freude. Und doch ist das ein Zerrbild, ähnlich jenem, das Oberbayern gleichsetzt mit Bayern. Oberbayern ist nicht Bayern, wohl aber der größte bayerische Regierungsbezirk. Und Oberbayern ist auch weit mehr als jenes oben dargestellte Klischee, das dazu verleitet, in München den nördlichsten Punkt Bayerns, zumindest Oberbayerns zu sehen. Wohl hat erst die Gebietsreform Oberbayern in seinen gegenwärtigen Grenzen festgelegt. Es reichte aber schon vorher vom Lech bis zur Salzach, es erstreckt sich jetzt vom nördlich der Donau an der Altmühl gelegenen Eichstätt bis ins Werdenfelser Land im Süden mit Garmisch und Mittenwald und im Südosten bis ins Berchtesgadener Land.
München liegt inmitten des Regierungsbezirks, ist gewissermaßen sein Herzstück, wie es im weiteren Sinn auch als »Weltstadt mit Herz« bezeichnet wird. Bedauerlicherweise muß man feststellen, daß der nördliche Teil Oberbayerns aus der Sicht des Tourismus fast stiefmütterlich

La Haute-Bavière, bien plus qu'une région touristique

La Haute-Bavière est un des mots magiques du tourisme moderne. Il fait songer aussitôt à une région de vacances idéale avec des lacs comme le Königssee cerné de rochers, des montagnes comme le Watzmann auréolé de légendes, des edelweiss et des gentianes, de riants villages de montagne, du folklore et des danses paysannes, des châteaux royaux célèbres comme le château de Herrenchiemsee ou le château de Linderhof, Munich et à proximité le «Mont sacré» avec l'abbaye d'Andechs, la mecque des buveurs de bière: une corne d'abondance dispensatrice de plaisirs.
Mais c'est là une image inadéquate comme celle qui assimile la Bavière à la Haute-Bavière. Car la Haute-Bavière n'est qu'un district administratif de la Bavière même si c'en est le plus grand. Et elle est bien plus qu'une collection de clichés du genre de ceux mentionnés ci-dessus et qui font croire que Munich est le point le plus septentrional de la Bavière, du moins de la Haute-Bavière. C'est la réforme administrative qui a établi les frontières actuelles de la Haute-Bavière qui s'étendait déjà de la Lech jusqu'à la Salzach. Aujourd'hui elle va d'Eichstätt sur l'Altmühl au nord du Danube jusqu'à la région de Werdenfels au sud avec Garmisch et Mittenwald et au sud-est jusqu'à la région de Berchtesgaden.
Munich se trouve au milieu du district administratif, c'en est en quelque sorte le cœur. Force est malheureusement de constater que la partie septentrionale de la Haute-Bavière est presque traitée en parent pauvre par le tourisme: on l'ignore, on la traverse tout au plus. Le

Upper Bavaria: much more than just a vacation land

One of the magical names of modern tourism is: Upper Bavaria. It immediately suggests an ideal holiday region, a glorious kaleidoscope of lakes, such as the Königssee, embraced by rocky walls, mountains such as the fabulous Mt Watzmann, edelweiss and gentian, picturesque alpine villages, folklore and leather trousers, famous royal palaces, such as Herrenchiemsee and Linderhof, Munich, and the nearby "Sacred Hill" crowned by Andechs Monastery, the mecca of beer-drinkers: a horn of plenty and happiness.
But this is a lop-sided view, and just as innaccurate as the common mistake of equating Upper Bavaria with Bavaria as a whole. For Upper Bavaria is only one of Bavaria's seven administrative districts, albeit the largest of them. And it is, of course, far more than a collection of clichés of the kind listed above.
Upper Bavaria was already bounded in the west by the River Lech and in the east by the River Salzach before the administrative reform towards the end of the last century. Now it includes the Berchtesgaden region in the southeast, and its north-south axis runs from Eichstätt on the River Altmühl, north of the Danube, down to the Werdenfels region in the south with Garmisch and Mittenwald.
Munich lies in the middle of Upper Bavaria, is, so to speak, its heart. The region to the north of Munich is unjustly given the Cinderella treatment by the tourist trade: it is ignored, or simply treated as a transit area. Its scenic beauty, its special character, its bucolic charm and culture, live a quiet life beyond the mainstream of

behandelt wird: Er wird übergangen, durchfahren. Seine landschaftlichen Schönheiten, seine Eigenart, seine ursprüngliche Bäuerlichkeit und seine Kultur führen ein Leben der Stille, abseits der großen Heerstraßen des modernen Tourismus. Der Kenner aber schweigt, um sich diese Idylle noch zu erhalten.

Oberbayern ist eine bewegende und bewegte Landschaft. Sie beginnt im Norden mit der zur Donau hin abfallenden Alb. Dort treffen wir auf einen der schönsten Talzüge unserer deutschen Heimat: das Altmühltal. In zwei Bogen durchbricht die aus dem Fränkischen kommende Altmühl in südöstlicher Richtung das Juragebirge. Steil aufragende Kalkfelswände, bald zerklüftet und rissig, bald wie stumpfe Riffe anmutend, verleihen dem Tal seinen Reiz. Malerisch ins Tal eingebettet liegt Eichstätt, die alte Bischofsstadt. An der Stelle, wo es heute steht, hat sich einst der heilige Willibald niedergelassen, weil ihn, wie es heißt, das Tal an das Heilige Land und an die Täler seiner englischen Heimat erinnert haben soll. Nachdem Bonifaz ihn zum Bischof geweiht hatte, gründete Willibald dort einen Bischofssitz. Wer heute etwas über die Ur- und Frühgeschichte der Alb erfahren möchte, der findet in der Willibaldsburg hoch über Eichstätt das Jura- oder vor- und frühgeschichtliche Museum. Dort blättert sich das »steinerne Bilderbuch« auf, das uns das Jurameer hinterlassen hat.

Am Fuße der Alb, sie teilweise wie bei Kloster Weltenburg durchbrechend, hat sich die Donau ihr Bett gegraben. Ingolstadt, die alte Universitäts- und Festungsstadt, tritt uns entgegen. Es ist nach München Oberbayerns größte und industriereichste Stadt. Zwei Museen der Stadt sind der Tradition verhaftet; so erinnert das Deutsche Medizinhistorische Museum an Bayerns erste Universität und das Bayerische Armeemuseum im Neuen Schloß an die Militärtradition. Aus industrieller Sicht sind ein großes Autowerk und die Ölraffinerien zu erwähnen.

Von der Donau aus erstreckt sich nach Süden hin eine tertiäre Hügellandschaft, an die sich die Schotterebene um München anschließt. Inmitten dieses Hügellandes die Hallertau,

charme de son paysage bucolique, son caractère particulier, sa culture mène une vie tranquille à l'écart des grands axes du tourisme moderne. Mais ceux qui l'ont découverte préfèrent se taire afin de préserver cette situation idyllique.

La Haute-Bavière a un paysage varié et mouvementé. Elle commence au nord avec l'Alb qui descend vers le Danube. C'est là que se trouve une des plus belles vallées d'Allemagne: l'Altmühltal. Venant de Franconie, l'Altmühl traverse en décrivant deux méandres le massif du Jura en direction du sud-est. Des parois rocheuses abruptes en calcaire, souvent déchiquetées et crevassées, ou semblables à des récifs rongés par l'érosion, donnent à cette vallée un charme particulier. Eichstätt, l'ancienne ville épiscopale, occupe une situation pittoresque dans la vallée. C'est ici que St. Willibald s'est installé parce que, dit-on, la vallée lui rappelait la Terre Sainte et sa patrie anglaise. Fait évêque par son compatriote, St. Boniface, Willibald y fonda un évêché. Le château Renaissance, le Willibaldsburg, qui s'élève sur une hauteur, abrite un musée historique où le «livre d'images en pierre» laissé par la mer jurassique donne une idée de l'époque préhistorique et protohistorique dans la région.

Au pied de l'Alb qu'il traverse parfois comme près de l'abbaye de Weltenburg, le Danube a fait son lit. Nous approchons maintenant d'Ingolstadt, autrefois ville fortifiée et siège d'une université célèbre et aujourd'hui deuxième ville industrielle de Haute-Bavière après Munich. Deux musées sont consacrés aux traditions de la ville: le Musée allemand de l'histoire de la médecine rappelle la première université de Bavière et le Musée bavarois de l'Armée dans le château ducal la tradition militaire d'Ingolstadt dont les principales activités industrielles sont l'industrie automobile et les raffineries de pétrole.

A partir du Danube, un paysage de collines datant du tertiaire s'étend en direction du sud jusqu'à la plaine caillouteuse qui entoure Munich. Au milieu de cette région montueuse se trouve le Hallertau, la plus grande

modern tourism. But those who have discovered it for themselves keep it to themselves in order that the idyllic conditions they love remain intact.

Scenically, Upper Bavaria is varied and beautiful. It begins in the north with the Uplands that slope down towards the Danube. There we encounter one of the most idyllic valleys in Germany: the Altmühltal. Coming from Franconia, the Altmühl cuts its way southeastwards through the Jurassic hills in two great bends, creating steep limestone rockfaces, often craggy and rugged, or worn smooth by erosion. Eichstätt, the old cathedral town, is picturesquely set in the valley. St Willibald settled here because, we are told, the valley reminded him of the Holy Land and of his English homeland. In 742, his countryman Boniface made him first bishop of Eichstätt; there he "tilled the wide fields for the divine seed, sowing and cultivating them for harvest time". The castle Willibaldsburg, high above Eichstätt, houses the Jura Museum, where the "stone picture-book" that the Jurassic seas left behind them provides an insight into primeval and early historical times in the region.

At the foot of the Uplands, and forcing its way through them in places, as near Weltenburg Monastery, runs the Danube. We are now nearing Ingolstadt, once famous for its university and as one of Europe's strongest fortresses, and now Upper Bavaria's second-largest industrial town after Munich. Two museums reflect the town's traditions; the German Museum of the History of Medicine recalls Bavaria's first university, while the Bavarian Army Museum, in the New Palace, is a reminder of Ingolstadt's past military significance. Car manufacturing and oil refining are the main industries.

From the Danube a range of low Tertiary hills extends southwards as far as the gravel plateau which embraces Munich. In the middle of this hilly countryside is the Hallertau, Bavaria's largest hop garden, half in Lower and half in Upper Bavaria.

Rivers such as the Isar, Amper, Ilm, and Paar cut their way through the rolling hills. Former

Bayerns großer Hopfengarten, halb in Nieder-, halb in Oberbayern gelegen.
Flüsse wie die Isar, Amper, Ilm und Paar ziehen ihre Täler durch die Hügellandschaft. Moore wie das Donaumoos, das Dachauer oder das Erdinger Moos sind weitgehend kultiviert. Im letztgenannten baute der Freistaat mit Milliardenaufwand einen internationalen Flughafen, der vom Naturschutz kritisch betrachtet wurde und begleitet wird. Dafür landen und starten die Flugzeuge nicht mehr unmittelbar über den Köpfen der Anwohner in München-Riem.
Wo das Hügelland sich zur Schotterebene neigt, wo die Isar die auslaufenden Hänge berührt, liegt die Bischofsstadt Freising. Sie zählt zu den ältesten Städten Oberbayerns, war mehr als tausend Jahre weltlicher und geistlicher Mittelpunkt Altbaierns. Bekannt ist sie heute durch das Lehr- und Forschungszentrum für Landwirtschaft und Brauwesen: Weihenstephan.
Mitten in der Schotterebene, jener Planierungsfläche der nacheiszeitlichen Schmelzwasser, liegt München, wirtschaftlicher und kultureller Mittelpunkt Bayerns mit weltweiter Geltung. Man denke nur an die Schlösser in München, an Nymphenburg und Schleißheim oder an die Residenz, an die großen Ausstellungen, an Galerien und Theater, an das Olympiazelt, aber auch an die großen Industrieunternehmen wie Siemens, BMW, Ratgeber, Deckel, Wamsler und andere mehr. Nicht vergessen werden soll das größte Volksfest der Welt, das Oktoberfest.
Südlich der Linie Burghausen–München beginnt das oberbayerische Seen- und Moränengebiet. Gletscherzungen der verschiedenen Eiszeiten haben auf das ursprünglich vorhandene tertiäre Hügelland Schuttmassen, die sogenannten Moränen, geschoben. Diese blieben beim Abschmelzen zurück, wurden vom Schmelzwasser umgelagert, weggeschwemmt. Natürlich mußte sich nach den Eiszeiten erst wieder die Vegetation durchsetzen. Und so entstand eine Landschaft, deren Faszination in ihrer Vielfalt liegt. Da sind die herrlichen, von Moränen gesäumten Seen wie Ammersee, Starnberger See und Chiemsee. Da sind die wechselnden Boden-

houblonnière de Bavière dont une moitié se trouve en Basse-Bavière et l'autre en Haute-Bavière.
Des rivières comme l'Isar, l'Amper, l'Ilm et la Paar se frayent un chemin à travers cette région de collines. D'anciens marécages comme le Donaumoos, le Dachau Moos ou l'Erding Moos ont été transformés en grande partie en terres agricoles. Dans l'Erding Moos, l'Etat libre de Bavière a construit, à grand renfort de milliards, un aéroport international qui n'est pas du goût des défenseurs de l'environnement. Celui-ci a toutefois un gros avantage: les avions ne décollent plus et n'atterrisent plus directement au-dessus des têtes des habitants des banlieues est de Munich.
Là ou la région de collines s'abaisse vers la plaine caillouteuse au milieu de laquelle se trouve Munich, là où l'Isar frôle ses versants, se trouve la ville de Freising. Siège autrefois d'un puissant évêché princier, elle compte parmi les plus anciennes villes de Haute-Bavière et a été pendant plus de mille ans le centre temporel et spirituel de l'Ancienne Bavière. Elle est surtout connue aujourd'hui pour son centre de formation et de recherche pour l'agriculture et la brasserie qu'abrite l'ancienne abbaye bénédictine de Weihenstephan.
Au milieu de la plaine formée par les eaux de fonte des glaciers se trouve Munich, le centre économique et culturel de la Bavière. Une ville qui doit sa renommée internationale à ses châteaux, le château de Nymphenburg et celui de Schleissheim, la Residenz (l'ancien Palais Royal), ses grandes expositions, ses galeries d'art et ses théâtres, ses stades et ses constructions olympiques mais aussi aux grandes entreprises industrielles qui y ont leur siège comme Siemens, BMW, Ratgeber, Deckel, Wamsler entre autres, sans oublier la plus grande fête populaire du monde, l'Oktoberfest, la fête de la bière.
Au sud d'une ligne reliant Munich et la ville de Burghausen commence la région des lacs et des moraines de Haute-Bavière. Pendant les différentes périodes glaciaires, les glaciers ont véhiculé sur le terrain montueux datant du tertiaire des masses de débris, les moraines.

moors – Donaumoos, Dachau Moos, and Erding Moos, for example – have been largely converted into agricultural land. The latter is now the site of an enormously expensive international airport, a thorn in the side of environmentalists. It has the advantage, however, that the aircraft no longer have to take off and land directly above the roofs of Munich's eastern suburbs.
At the point where the Isar encounters the hilly countryside – which here gives way to the gravel plateau on which Munich stands –, we come to Freising. One of Upper Bavaria's oldest towns, it was for over a thousand years the temporal and spiritual centre of "Old Bavaria" (the area now covered by the three administrative districts of Upper and Lower Bavaria and the Upper Palatinate). It boasts a huge Romanesque cathedral, whose interior was restyled in subsequent periods, as a reminder of its former importance; but the town is nowadays chiefly known for its Training and Research Centre for Agriculture and Brewing: Weihenstephan.
In the middle of the gravel plateau, formed by melt-water from the receding glaciers, lies Munich, the economic and cultural centre of Bavaria. It is a city of international status thanks to its architectural heritage (the palaces in the town centre, at Nymphenburg, and Schleissheim, for example), its museums and art galleries, its theatres, Olympic halls and stadiums, and the major companies based here: Siemens, BMW, Ratgeber, Deckel, Wamsler, to name but a few – and, of course, to the Oktoberfest, the world's largest fair.
To the south of a line joining Munich and the town of Burghausen in the east, the Upper Bavarian lake and moraine district begins. During the various ice-ages, glaciers transported material such as clay and rock into the Tertiary hill country; as the glaciers receded, the materials were first deposited in the form of moraines, then surrounded by melt-water and in part washed away. After the ice-ages, the vegetation regenerated. The result of these long and complicated processes was the fascinatingly diversified region we know today:

formen mit weitläufigen, aber auch steil-buckligen Hügeln. Da sind die Schluchten und tiefen Flußtäler wie das der Isar südlich von München oder des Inns bei Wasserburg. Da sind die Findlinge oder Irrblöcke, Toteislöcher, Gletscherschliffe, Terrassenlandschaften und einzelnen Berge, die den Gletscherschüben widerstanden haben: Genannt seien der Peißenberg und der Taubenberg, ganz vorzügliche Aussichtskanzeln in genau der richtigen Entfernung von den Alpen.
Dieses Seen- und Moränengebiet ist Wanderers Traumland, aber auch eine herrliche Kulturlandschaft christlicher Prägung. Mit ihren im Stil der Renaissance, des Barock oder Rokokos gestalteten Klöstern und Schlössern vermittelt das oberbayerische Alpenvorland die gelungene Einbindung menschlicher Bauten in die natürliche Landschaft. Zu Oberbayern gehören auch die bekannten Wallfahrtsorte Altötting und Kloster Andechs mit den heute noch zahlreichen Wallfahrten, die Ausfluß der Gläubigkeit der Altbaiern sind.
Den Übergang vom Moränengebiet zu den Kalkalpen bilden die Flyschberge, auch Vorberge genannt. Dazu zählen die äußeren Teile des Ammer- und Estergebirges, der Berge des Isarwinkels, der Tegernseer und Schlierseer Berge, der Chiemgauer Alpen. Hinter den ersten, noch sanfteren Bergzügen ragen ihre schroffen, örtlich gigantischen Geschwister empor, die Kalkhochalpen. Oberbayern hat daran jedoch nur geringen Anteil. Der Zauber der oberbayerischen Alpen, eingespannt zwischen Zugspitze und Watzmann, liegt im Gegensatz zwischen der anmutigeren Vorgebirgslandschaft und den hochaufragenden Felsmassiven ihrer wilderen Brüder. – Im Alpenglühen werden die Bergspitzen vom Morgen- oder Abendrot in ein stets wechselndes Flammenmeer getaucht.
Ist im Gebirge noch traditionelles Handwerk anzutreffen wie der Geigenbau in Mittenwald, die Holzschnitzerei in Oberammergau, wird der Almbetrieb noch groß geschrieben, so treffen wir im Voralpenland auf moderne Industrie: Bedeutendstes Beispiel ist das Chemie-Dreieck im Winkel zwischen Inn und Salzach.

Celles-ci se sont déposées lorsque les glaciers se sont retirés, ont été entourées et en partie emportées par les eaux de fonte. Après les périodes glaciaires, la végétation a repris ses droits. C'est ainsi que s'est créé un paysage d'une fascinante diversité.
Avec ses merveilleux lacs bordés de moraines comme le Ammersee, le lac de Starnberg et le Chiemsee. Avec ses terrains variés où l'on rencontre des collines aux pentes douces mais aussi des hauteurs bossuées aux pentes raides. Avec ses gorges et ses vallées profondément encaissées comme celles de l'Isar au sud de Munich ou de l'Inn près de Wasserburg. Avec ses blocs erratiques, ses formations glaciaires, ses terrasses et ses montagnes isolées qui ont résisté au travail des glaciers comme le Peissenberg et le Taubenberg – de merveilleux points de vue juste à la bonne distance des Alpes.
Cette région de lacs et de moraines est un paradis pour le randonneur mais également un merveilleux paysage imprégné de la civilisation chrétienne. Avec ses abbayes et ses châteaux Renaissance, baroques ou rococo, la région des Préalpes de Haute-Bavière est l'exemple d'une symbiose réussie entre l'architecture et le paysage naturel. La Haute-Bavière compte également des lieux de pèlerinage connus et très fréquentés comme Altötting et Andechs qui témoignent de la piété des Bavarois.
Des montagnes de flysch – du grès et des schistes – constituent la transition entre la région des moraines et les Alpes de calcaire. Ce sont le massif de l'Ammer et de l'Ester, les montagnes de la région de l'Isar, du Tegernsee et du Schliersee, les Alpes du Chiemgau. Derrière ces premières rangées de montagnes à l'aspect encore débonnaire se dressent les Hautes Alpes de calcaire aux parois escarpées et parfois gigantesques dont la Haute-Bavière ne possède toutefois qu'une petite partie. Le charme des Alpes de Haute-Bavière, bordées par la Zugspitze et le Watzmann, réside dans le contraste entre ses aimables contreforts et les massifs austères des Hautes Alpes. L'Alpenglühen est un phénomène inoubliable: certains

the wonderful glacial lakes, surrounded by moraines, such as Ammersee, Starnberger See, and Chiemsee; the varied surface structures ranging from low, rolling hills to steep knolls, with gorges, and deep river valleys such as that of the Isar to the south of Munich, or of the Inn near Wasserburg in the east; the numerous erratic blocks and glaciated formations such as valleys and terraces; and the individual hills that withstood the thrusting and planing of the glaciers, such as Peissenberg and Taubenberg – superb vantage-points at just the right distance from the Alps.
This lake and moraine district is a walker's paradise, but also a magnificent cultural landscape of Christian mould, in which the architecture – monasteries, churches, and palaces in the Renaissance, Baroque, or Rococo styles – blends perfectly with the countryside. Upper Bavaria still has a number of well-frequented places of pilgrimage, the best-known of which are Altötting and Andechs, evidence of the deep-rooted piety of the Bavarian people.
To the south of the lake and moraine district, and bordering the limestone Alps proper, lies a lower range of mountains comprised of Flysch – marine sandstones, marls, and other rock –, and extending from the Ammer and Ester Mountains in the west to the Chiemgau Alps in the east. Behind these tamer mountains rise the steep, and in some places gigantic, High Limestone Alps, although Upper Bavaria has only a relatively small share of these. The magic of the Upper Bavarian Alps, bounded in the west by Mt Zugspitze, Germany's highest peak, and in the east by the dramatic Watzmann Group, lies in the contrast between the charm of the Alpine Foreland and the austerity of the soaring peaks of the high Alps. One of the never-to-be-forgotten sights in the high mountains is the alpine glow – a short-lived phenomenon visible on certain days just after sunset or before sunrise, when the peaks are bathed in gradually changing light ranging from pink to purple and orange.
Traditional crafts – such as violin-making in Mittenwald, and wood-carving in Oberammer-

Auf dem Heiligen Berg
Wo einst eine Grafenburg throte, ragt heute die Wallfahrtskirche des Benediktinerklosters Andechs gen Himmel. Stuck, Dekoration und Wandgemälde stammen von J. B. Zimmermann. Den Gnadenort besuchen jährlich Tausende von Pilgern. Für die »irdische Seligkeit« sorgt das weltbekannte Bräustüberl, ein Mekka für Biertrinker.

Sur le «Mont sacré»
L'église de pèlerinage de l'abbaye bénédictine d'Andechs que visitent chaque année des milliers de pèlerins et de touristes. Les stucs, la décoration et les fresques sont de J. B. Zimmermann. La célèbre brasserie de l'abbaye procure des plaisirs plus temporels.

On the "Holy Mountain"
One of Bavaria's most popular places of pilgrimage: the Benedictine Monastery of Andechs. The stucco-work, decoration, and frescoes are by J. B. Zimmermann. In addition to satisfying their religious and aesthetic needs, the thousands of pilgrims and tourists that come here every year can enjoy the more earthly delights provided by the world-famous monastic brewery.

Zu allem aber kommt der enorme Ansturm der Touristen, die Erholung und Ergötzen vor allem im Süden Oberbayerns suchen. Eine gewaltige Herausforderung, doch ebenso eine große Chance für kluge Planung und Lenkung.

jours, après le coucher ou avant le lever du soleil, les sommets des montagnes prennent une coloration spectaculaire en rouge feu. L'artisanat traditionnel, comme la lutherie à Mittenwald, la sculpture sur bois à Oberammergau, est encore pratiqué dans les régions montagneuses mais dans la région des Préalpes l'industrie moderne est bien implantée: l'exemple le plus important est donné par le triangle de la chimie situé entre l'Inn et la Salzach. Mais à toutes ces activités s'ajoute celle, énorme, du tourisme car nombreux sont les vacanciers qui viennent chercher dans le sud de la Haute-Bavière le repos et la détente. Ce qui constitue un immense défi mais aussi une grande chance pour une planification intelligente et prudente.

gau – are still pursued in the mountainous regions, and many rural customs have survived there, but in the Alpine Foreland some modern industry is also well-established, as in the "chemical triangle" where the Salzach flows into the Inn. And yet the main industry of the region is tourism – catering for the enormous numbers of holiday-makers who come to the south of Upper Bavaria in particular, in search of recreation and amusement. This represents a tremendous challenge, but is also a great opportunity for sensitive and prudent planning.

Tal der Altmühl
Zwischen Pappenheim und Beilngries quert die Altmühl den Jura; dort bildet sie ihr romantischstes und abwechslungsreichstes Tal. Den Fluß begleiten bizarre Felsen, wacholderbestandene Hänge, helle Steinbrüche und machtvolle Burgen. – Der neue Kanal im unteren Tal bleibt dagegen ein gewaltiger Eingriff.

La vallée de l'Altmühl
L'Altmühl traverse le Jura entre Pappenheim et Beilngries et y forme une vallée très romantique et variée avec de curieux rochers, des versants couverts de genevriers et d'imposants châteaux. – Le nouveau canal dans la partie inférieure de la vallée constitue par contre une terrible incursion.

The Altmühl Valley
The River Altmühl cuts through the Jurassic hills of Franconia between Pappenheim and Beilngries to form a delightfully varied, romantic valley with impressive rocky sides, juniper-covered slopes, and formidable castles. – The new canal in the lower reaches of the valley is still regarded by many as an environmental disaster.

Das Ammergebirge

Wo die Ammer sich durch die Felsenge der sogenannten Scheibung oder Scheibum zwängt, wird sie zum Wildwasser, dem letzten am bayerischen Alpenrand. Dort stürzen auch die Schleierfälle in die Tiefe.

Das Ammergebirge von der Luft aus gesehen, vor der Kulisse der Zugspitze. Mit 27 600 Hektar ist es das größte deutsche Naturschutzgebiet. Zwei Kalkketten ziehen sich von Ost nach West, und die südliche weist mit der Kreuzspitze auf deutscher, den Geierköpfen auf österreichischer Seite die höchsten Erhebungen auf.

Les montagnes de l'Ammer

En traversant le défilé rocheux du Scheibung ou Scheibum, l'Ammer se transforme en un torrent qui se jette en cascade dans les profondeurs en bordure des Alpes bavaroises.

Vue à vol d'oiseau des montagnes de l'Ammer avec la Zugspitze dans le fond. D'une superficie de 27 600 hectares, c'est le plus grand site protégé d'Allemagne. Deux chaînes de calcaire s'étendent d'est en ouest avec comme plus hauts sommets la Kreuzspitze du côté allemand et les Geierköpfe du côté autrichien.

The Ammer Mountains

Those knowing only the quiet lower reaches of River Ammer will be surprised at the rapids it forms at its more youthful stage before plunging into the depths at the fringe of the Alpine Foreland in the shape of the Veil Falls.

The Ammer Mountains seen from the air, with the Zugspitze in the background. Covering 27,600 hectares, it is Germany's largest nature preserve. It consists of two limestone ranges running east-west, the highest peak on the German side being the Kreuzspitze.

Im Blickpunkt der Welt
◀ 1330 gründete Kaiser Ludwig IV. der Bayer in Ettal ein Ritterstift und Benediktinerkloster.
▼ Die Wieskirche schuf Dominikus Zimmermann, sie birgt hinter schlichtem Äußeren Rokokozauber.
▶▶ Zweimal Blick auf München: aus dem Englischen Garten auf Frauen- und Theatinerkirche und vom Olympiagelände auf den Münchner Norden.

Coups d'œil culturels
◀ En 1330, l'empereur Louis le Bavarois fonda l'abbaye bénédictine d'Ettal.
▲ Sous des dehors très sobres, l'église de la Wies, construite par Dominikus Zimmermann, abrite l'une des plus merveilleuses créations du rococo bavarois.
▶▶ Deux vues de Munich: l'une, prise du Jardin Anglais, sur la cathédrale et l'église des Théatins, l'autre du parc olympique sur le nord de la ville.

Cultural glimpses
◀ Emperor Ludwig the Bavarian founded the Benedictine Monastery in Ettal in 1330. The 18th century church has a sumptuous interior.
▲ The Wieskirche, built by Dominikus Zimmermann, is perhaps Bavaria's most famous Rococo church.
▶▶ Views of Munich: one, taken from the English Garden, of the Cathedral and the Theatine Church, the other northwards from the Olympic Park.

Münchner Wahrzeichen
Die Türme von Frauenkirche (links), Neuem Rathaus (rechts) und Altem Peter, Standpunkt des Fotografen, sind Wegweiser in der Altstadt.
▶ Das Müllersche Volksbad, eine Stiftung von Karl Müller, um die Jahrhundertwende erbaut.
▶▶ Die gußeiserne Bavaria, flankiert von der Ruhmeshalle, und die Alte Pinakothek, die einmal weltweites Vorbild für andere Galerien war.

Les emblèmes de Munich
Les tours de la cathédrale (à gauche), le Nouvel hôtel de ville (à droite) et le Vieux Pierre (emplacement du photographe) sont des points d'orientation dans la Vieille Ville.
▶ Les bains publics Müller, fondés par Karl Müller, au tournant du siècle.
▶▶ La statue en bronze de la Bavaria, flanquée du temple de la Gloire, et l'Ancienne Pinacothèque.

Munich landmarks
The towers of the Cathedral (left), the New Town Hall (right), and St Peter's tower (photographer's position) are points of orientation in the Old Town.
▶ The Müller Public Baths, founded by Karl Müller at the turn of the century.
▶▶ The cast-iron statue of Bavaria, with the Hall of Fame; and the Old Pinakothek, which once served as a model for other galleries throughout the world.

München, »Millionendorf«
Im Herzen Münchens stößt man auf den Viktualienmarkt: 1807 als zunächst kleinerer »Kräutlmarkt« gegründet, erreichte er 1885 fast die heutige Ausdehnung. Weil dort zahlreiche Brunnenfiguren von Münchner Komikern stehen, könnte man ihn auch als »Komiker-Freilichtmuseum« bezeichnen.

Munich, un grand village
Le marché aux Victuailles au cœur de Munich: fondé en 1807, ce fut tout d'abord un petit «marché aux herbes» qui, dès 1885, atteignit presque son ampleur actuelle. Il est orné de monuments élevés à la mémoire de chansonniers très populaires de Munich.

Munich – one great village
The Food Market is in the heart of Munich. Founded as a small "Herb Market" in 1807, it soon expanded to almost its present size. It is one of the places where genuine Munich characters are still to be found.

Münchner Leben
Die Besucher in der Neuen Pinakothek scheinen hier mit dem Bild – Wilhelm von Kaulbach: Die Zerstörung Jerusalems – nahezu verwoben. Pause vom Studieren: auf dem Geschwister-Scholl-Platz vor der Ludwig-Universität. Der Eisbach hat da, wo er unter der Prinzregentenstraße hervorschießt, Wildwassercharakter und fordert die Wellenreiter heraus.

La vie munichoise
Les visiteurs de la Nouvelle Pinacothèque semblent se fondre avec les personnages du tableau de Kaulbach «La destruction de Jérusalem». – La pause avant les cours: sur la Geschwister-Scholl-Platz devant l'université de Munich. – L'Eisbach jaillit de dessous la Prinzregentenstrasse comme un torrent de montagne.

Munich life
The visitors to the New Pinakothek seem to merge with the figures in Kaulbach's painting "The Destruction of Jerusalem". – A break between studies: on Geschwister-Scholl-Platz in front of Munich University. – The Eisbach (Ice Stream) emerges from under Prinzregentenstrasse like a mountain torrent.

Am Rande der Alpen
Sie sind nicht gewaltig, die Unterschiede zwischen Berg und Tal. Zu Fuß bewältigt, reichen sie aber aus, Kreislauf und Gemüt in Wallung zu bringen. Links schweift der Blick vom Jochberg bis zum Starnberger See, unten über Trauchgau auf das schon verschneite Ammergebirge, auf den nächsten Seiten von der Kampenwand auf den Chiemsee und aus der Seilbahn auf Hohenaschau.

En bordure des Alpes
Ces montagnes ne sont pas très hautes mais leur escalade a de quoi revigorer le corps et l'esprit. A gauche, la vue s'étend du Jochberg au lac de Starnberg, en haut les montagnes de l'Ammer déjà enneigées; sur les pages suivantes: vue de la Kampenwand sur le Chiemsee et du téléférique sur Hohenaschau.

Along the Alps
These mountains are not extremely high, but they provide plenty of invigorating walking and climbing. On the left the eye wanders from Jochberg (photographer's position) to Lake Starnberg, while on the upper picture we see the Ammer Mountains, already snow-capped; on the following pages we look down from the Kampenwand at Lake Chiem, and from the cable car at Hohenaschau.

29

Die Welt König Ludwigs II.
Der Walchensee bietet vom Herzogstand aus, einem der Lieblingsberge König Ludwigs II., ein verträumt-märchenhaftes Bild. Er spiegelt in einem gewissen Sinn wider, was Ludwig II. sich mit der Venusgrotte bei Schloß Linderhof, der Tropfsteinhöhle in magischem Licht, künstlich zu schaffen wußte. Um diese Stimmung voll genießen zu können, stieg er in einem vergoldeten Muschelkahn.

Le monde de Louis II
Vue enchanteresse du Walchensee prise du Herzogstand, une des montagnes préférées du roi Louis II. D'une certaine manière, le lac trouve son pendant dans le monde artificiel créé par Louis II dans la grotte de Vénus au château de Linderhof. Pour jouir pleinement de l'atmosphère de cette grotte, le roi montait dans une barque dorée en forme de coquillage.

The world of King Ludwig II
A dream-like view of Lake Walchen from the Herzogstand, one of Ludwig II's favourite mountains. In a way it finds its corollary in the artificial world that Ludwig created in the Venus Grotto at Linderhof Palace. To enjoy the effect to the full he reclined in a gilded boat shaped like a shell.

Die Bilderbuchseite der deutschen Alpen
◀ *Weltberühmt der Königssee mit Sankt Bartholomä, dem einstigen Jagdschlößchen der Fürstpröpste von Berchtesgaden, und der sagenumwobene Watzmann rechts. Daß der einst stille Winkel zum touristischen Rummelplatz wurde, ist der Preis für die landschaftliche Schönheit.*
▼ *Über Benediktbeuern öffnet sich der Blick zwischen Herzogstand (rechts) und Jochberg (links) nach Süden auf das Karwendelgebirge.*

L'aspect livre d'images des Alpes allemandes
◀ *Le célèbre Königssee avec la chapelle Sankt-Bartholomä et le légendaire Watzmann à droite. Ce coin est devenu un endroit touristique mais c'est le prix qu'il doit payer pour sa beauté naturelle.*
▲ *Derrière Benediktbeuern, la vue s'étend vers le sud en direction du Herzogstand (à droite) et du Jochberg (à gauche) avec le massif du Karwendel dans le fond.*

The picture-book side of the German Alps
◀ *The world-famous Lake König, with St Bartholomew's Chapel, and the legendary Mt Watzmann on the right. The fact that this once quiet corner of the world is now overrun by tourists is the price it pays for its natural beauty.*
▲ *Behind Benediktbeuern the view extends southwards to Mts Herzogstand (right) and Jochberg (left), with the Karwendel Group in the distance.*

Mensch und Natur als Schöpfer
Vollendete Fassadengestaltung in Burghausen: Blau sticht das kurbayerische Regierungsgebäude mit Türmchen und Wappen hervor. Die Burganlage auf dem schmalen Höhenrücken wirkt wie eine Stadt über der Stadt an der Salzach.
▶▶ Die Partnachklamm bei Garmisch-Partenkirchen, ein märchenhafter Eispalast.
Blick vom Hochries auf das sich türmende Kaisergebirge.

Des créations de l'homme et de la nature
Merveilleuse série de façades à Burghausen: l'immeuble bleu avec tourelles et armoiries fut autrefois le siège du gouvernement de l'Electorat de Bavière. Perché sur une étroite crête, le château a l'air d'une ville dans la ville sur la Salzach.
▶▶ La Partnachklamm, près de Garmisch-Partenkirchen, un féérique palais de glace.
Vue du Hochries sur le massif du Kaiser.

Works of Man and Nature
A handsome series of façades in Burghausen: the blue building with turrets and coat of arms was the government house of the Electorate of Bavaria.
▲ On its narrow ridge, Burghausen Castle looks like a town above the town on the Salzach.
▶▶ The Partnach Gorge near Garmisch-Partenkirchen, a fabulous palace of ice and rock.
View from Mt Hochries of the towering Kaiser Group.

Bayerns Kunst – einfach unverwechselbar

Die schöpferische Kraft der drei heute vereinten Stämme Bayerns, der Franken, Schwaben und Altbayern, dazu die Mittellage im süddeutschen Raum und die internationalen Beziehungen, die der Durchgangsverkehr mit sich brachte, bildeten den Nährboden für Bayerns Kunstschaffen. Dem Vorurteil, (alt)bayerische Kunst sei im wesentlichen volkstümlich, ausgelassen, lustig, setzen zahlreiche Werke der Architektur, Plastik, Literatur, Musik und Theater überzeugende Beispiele entgegen.
Schönheit und Festlichkeit haben sich im Laufe von tausend Jahren entfaltet. In Bayern sind alle Stilrichtungen vertreten. Dabei ist anzumerken, daß die Franken und Schwaben mehr die süddeutsche Gotik und Renaissance entwickelt haben und von den Oberbayern mehr die Spätphasen vollzogen wurden.
Beginnt man mit der Romanik, ist auf die Römer zu verweisen, die dafür den Grundstein gelegt haben. Dem Blick, der leicht durch barocke Werke abgelenkt wird, verbirgt sich manches, was noch an romanischer Kunst vorhanden ist. Erinnert sei an die Krypta der ehemaligen Klosterkirche St. Mang in Füssen; an die Dome in Augsburg, Aschaffenburg, Würzburg, Bamberg und Regensburg; an Kirchenportale, Kultbilder, Holzkruzifixe, Kreuzgruppen und ähnliches.
Die Gotik, die ursprünglich aus Frankreich stammt, löste die Romanik ab. Sie wurde zunächst von den Kirchenzentren, dann von den Bürgern wohlhabender Städte gefördert. Bedeutende Kirchenbauten dieser Epoche sind die Klosterkirche von Buxheim, die Blasiuskirche von Kaufbeuren, die beiden Martinskirchen von

Les arts en Bavière

La créativité des trois tribus bavaroises réunies aujourd'hui, celles des Franconiens, des Souabes et des Anciens Bavarois, associée à la situation centrale de cette région dans l'Allemagne du Sud et aux relations internationales qu'a entraînées la circulation de transit ont créé un terrain favorable à l'épanouissement de l'art bavarois. L'idée que l'art bavarois (ancien) est essentiellement populaire, exubérant, amusant, est contredite par de nombreuses œuvres d'architecture, de sculpture, littéraires, musicales et théâtrales.
La beauté et la splendeur caractérisent mille ans d'activité artistique en Bavière où tous les styles sont représentés, le gothique sud-allemand et le style Renaissance s'étant plus développés chez les Franconiens et les Souabes alors que les styles plus récents le sont plus en Haute-Bavière.
Si l'on commence par la période romane, il faut rappeler que ce sont les Romains qui en ont posé la première pierre. L'abondance d'œuvres baroques en Bavière détourne toutefois souvent l'attention des exemples d'art roman encore existants. Comme la crypte de l'ancienne abbatiale de St. Magnus à Füssen; les cathédrales à Augsbourg, Aschaffenburg, Wurtzbourg, Bamberg et Ratisbonne; les portails d'église, les images de culte, les crucifix en bois, les groupes de crucifixion notamment.
Le style gothique, venu de France, remplaça l'art roman. Il fut tout d'abord encouragé par l'Eglise puis par les riches bourgeois. Les édifices religieux importants de cette époque sont l'abbatiale de Buxheim, l'église St. Blaise à

The arts in Bavaria

The creative powers of the three Bavarian tribes, the Franconians, Swabians, and Old Bavarians – together with the central position of the country in southern Germany, which resulted in a great deal of transit traffic – formed the fertile soil on which Bavaria's artistic achievements flourished. The idea that (Old) Bavarian art is largely folky, boisterous, or simply amusing is clearly contradicted by countless masterpieces of architecture, sculpture, literature, music, and drama.
Beauty and splendour are the hallmarks of a thousand years of creative activity in Bavaria. Every kind of style is to be found, with south-German Gothic and Renaissance more widespread in Franconia and Swabia, and the later styles more so in Upper Bavaria.
If we start with the Romanesque period, then we should remember that, as the name suggests, it was the Romans who laid the foundation stone for it. Because of the preponderance of Baroque architecture in Bavaria it is easy to overlook the rarer examples of Romanesque art. But they are worth seeking out: the crypt of the former monastery church of St Magnus in Füssen; the cathedrals in Augsburg, Aschaffenburg, Würzburg, Bamberg, and Regensburg; and church portals, cultic images, wooden crucifixes, and crucifixion groups, etc, in many other places.
The Gothic style, which originated in France, was first embraced by the church, and then by well-to-do burghers in the cities. Important ecclesiatical buildings of this period are the Buxheim monastery church, St Blaise's Church in

Memmingen und von Landshut. Von gotischen Meistern wie Veit Stoß, Hans Multscher und Tilman Riemenschneider gibt es eine Fülle hervorragender Arbeiten.
Mit der Renaissance setzte dann ein Bestreben ein, die Antike wieder aufleben zu lassen. Augsburg wurde mit der Fuggerkapelle, dem Rathaus, einem der bedeutendsten Bauwerke dieser Epoche in Deutschland, und mit vielen weiteren Werken gewissermaßen eine Hochburg der Renaissance. Zu denken ist aber auch an die Münchner Michaelskirche von Friedrich Sustris, an die Maximilianeische Residenz mit dem Antiquarium, das Sustris in Zusammenarbeit mit Peter Candid und Hans Krumpper geschaffen hat. Erwähnt seien noch von Kirchen dieser Art die Klosterkirche von Schäftlarn und die Kirche der Tegernseer Mönche. Renaissance in Vollendung ist die Burg Hohenaschau. – Im Stil der Renaissance wurde nicht nur neu gebaut, sondern auch umgebaut. Beispiele dafür sind die Schlösser in Dillingen, Günzburg, Höchstädt und Babenhausen.
Höchste gestalterische Ausdrucksform findet Bayerns Kunstschaffen im Barock. Dieser Stil kam aus Italien und fand hier zum erstenmal in der Münchner Theatinerkirche seine Ausgestaltung. Für die Fürsten bedeutete Barock prachtvolle Machtdemonstration. In den Residenzen erstrahlt seine Vollendung im Rokoko zu hellstem Glanz. Die Amalienburg im Schloßpark von Nymphenburg und das Cuvilliés-Theater in der Münchner Residenz sind unübertroffene Meisterwerke von François de Cuvilliés d. Ä.
Zum weltlichen Glanz des Barocks gesellt sich der kirchliche. Die zahlreichen Klöster waren zusammen mit der gläubigen Bevölkerung die Mäzene. Wenn Oberbayern als der sakrale Raum Bayerns bezeichnet wird, so bezieht sich das auf die Vielzahl meisterhafter Kirchen, die gewissermaßen über das Land hingestreut sind. Mitgewirkt hat dabei ein Meisterquintett der barocken Zeit: die Brüder Asam, Johann Michael Fischer, Dominikus Zimmermann und Balthasar Neumann. Die Asamkirche in München ist ein echtes Gesamtkunstwerk aus Malerei und Plastik, aus Architektur und Stukkatur

Kaufbeuren, les deux églises St. Martin de Memmingen et de Landshut. Il existe une multitude d'œuvres remarquables dues à des maîtres de l'art gothique tels que Veit Stoss, Hans Multscher et Tilman Riemenschneider.
Avec la Renaissance, on assista à un regain d'intérêt pour l'art antique. Avec la chapelle Fugger, l'hôtel de ville, un des édifices les plus importants de cette époque en Allemagne, et bien d'autres édifices, Augsbourg devint en quelque sorte un haut-lieu de la Renaissance. Il ne faut toutefois pas oublier l'église St. Michel à Munich, construite par Friedrich Sustris, la Résidence, érigée pour Maximilien Ier avec l'Antiquarium édifié par Sustris en collaboration avec Peter Candid et Hans Krumpper. Il faut encore mentionner parmi les églises de ce style l'abbatiale de Schäftlarn et l'église des moines de Tegernsee. Le château de Hohenaschau est un exemple parfait de l'art de la Renaissance. Mais on ne construisit pas seulement de nouveaux édifices dans le style de la Renaissance, d'anciens furent également transformés dans ce style. Ainsi par exemple les châteaux à Dillingen, Günzburg, Höchstädt et Babenhausen.
Mais c'est dans l'art baroque que la créativité artistique de la Bavière s'exprima pleinement. Ce style venu d'Italie fut introduit pour la première fois dans l'église des Théatins à Munich. Puis le baroque devint l'expression du pouvoir princier et atteignit son apogée dans la période rococo. L'Amalienburg dans le parc du château de Nymphenburg et le Théâtre de Cuvilliés dans la Résidence de Munich sont des chefs-d'œuvre inégalés de François Cuvilliés le Vieux.
A la splendeur baroque des palais s'associe celle des édifices religieux. Grâce à sa multitude de belles églises, disséminées dans tout le pays, la Haute-Bavière est souvent qualifiée de région sacrée de la Bavière. Un grand nombre de ces églises sont dues à un quintette de maîtres de l'art baroque: les frères Asam, Johann Michael Fischer, Dominikus Zimmermann et Balthasar Neumann. L'Asamkirche à Munich, due aux frères Cosmas Damian et Egid Quirin Asam, peut être considérée comme une œuvre d'art complète réunissant la peinture et

Kaufbeuren, and the two churches of St Martin in Memmingen and Landshut. And there are numerous outstanding works by such master sculptors as Veit Stoss, Hans Multscher, and Tilman Riemenschneider.
The Renaissance brought with it a desire to revive the classical arts. With the Fugger Chapel, and the Town Hall – one of the most important buildings of this period in Germany – and many other buildings, Augsburg was one of the leading centres of this style. But there is also St Michael's Church in Munich, built by Friedrich Sustris, and the Munich Palace, built for Maximilian I, with its Antiquarium by Sustris working in cooperation with Peter Candid and Hans Krumpper. Other examples of this style are the monastery church of Schäftlarn, and Tegernsee monastery church. A consummate example of the Renaissance is to be found in Hohenaschau Castle, not far from Rosenheim. – However, the Renaissance period saw not only new buildings being erected, but also old ones being converted to the latest style. Examples of this are the palaces in Dillingen, Günzburg, Höchstädt, and Babenhausen.
Bavaria's artistic creativity found its finest expression in the Baroque period. This style came from Italy, and, in Bavaria, was first applied in the building of the Theatine Church in Munich. It was a style that lent itself to the expression of princely power, and which attained its peak in its final phase, the Rococo. The Amalienburg hunting lodge in Munich's Nymphenburg Park, and the Cuvilliés Theatre in Munich Palace are supreme masterpieces of the Rococo style by François de Cuvilliés the Elder.
The Baroque magnificence of the palaces was matched in many monasteries and convents. Thanks to its large number of great churches, Upper Bavaria is often apostrophized as Bavaria's sacred region. Many of them can be attributed to one or more of the quintet of master builders of the Baroque period: the Asam brothers, Johann Michael Fischer, Dominikus Zimmermann, and Balthasar Neumann. The Asam Church in Munich, for example, a synthesis of painting and sculpture, architecture, and

der Brüder Cosmas Damian und Egid Quirin Asam. Genial auch die Werke J. M. Fischers, wie sie sich in der Dießener Kirche, in der von Ottobeuren und von Rott am Inn darstellen. Zu und über dem allen die Wallfahrtskirche »Zum gegeißelten Heiland«, die Wieskirche, das Alterswerk Dominikus Zimmermanns. Im Norden Bayerns, im Bamberger und Würzburger Raum, war Balthasar Neumann am Werk. Nur eines seiner vielen Meisterwerke ist die Wallfahrtskirche von Vierzehnheiligen.
Das Land war mit Kirchenbauten gewissermaßen gesättigt, so befaßte sich das 19. Jahrhundert vielleicht zwangsläufig mit Monumentalbauten, mit der Gestaltung von ganzen Straßenzügen. Bauten im klassizistischen Stil waren es, mit denen die bayerischen Könige ihre Residenzstadt München ausstatteten. Auf König Ludwig I. führen unter anderem das Nationaltheater, der Königsbau der Residenz, die Ludwigstraße mit ihren Prachtbauten und der Königsplatz zurück. Die Maximilianstraße und das Maximilianeum sind das Vermächtnis von Maximilian II. und die Prinzregentenstraße das des Prinzregenten Luitpold. Nur Ludwig II. hat kaum in München gebaut. Seine Schlösser finden wir in entlegenen Teilen Oberbayerns: Neuschwanstein bei Füssen, Schloß Linderhof im Graswangtal des Ammergebirges und Schloß Herrenchiemsee auf der Herreninsel des Chiemsees.

Starke Eindrücke regen an: vom Wessobrunner Gebet bis zum Blauen Reiter

Wortgewaltiges Bayern, fühlt man sich geneigt zu sagen, wenn man seine literarischen Werke betrachtet. Dabei fällt auf, daß sich auch in der Literatur Formen entwickelt haben, die man als spezifisch bayerisch betrachten kann. Konnte doch Bayern durch die Jahrhunderte trotz aller Bedrohungen sein Eigenleben bewahren.
Den Anstoß zu einem sehr frühen Buch in deutscher Sprache gab Bischof Arbeo von Freising mit »Abrogans«, einem lateinischen Wörterbuch, das er mit deutschen Glossen kommentierte. Kulturträger waren bis zur Säkularisation die Klöster, daneben die Fürstenhöfe und

la sculpture, l'architecture et le stucage. Egalement géniales sont les œuvres de J. M. Fischer: l'église de Diessen, celles d'Ottobeuren et de Rott am Inn. Et puis il y a surtout l'église de pèlerinage de Wies dédiée au «Christ flagellé», une œuvre tardive de Dominikus Zimmermann. Balthasar Neumann a été à l'œuvre dans le nord de la Bavière, la région de Bamberg et de Wurtzbourg. Un de ses nombreux chefs-d'œuvre est l'église de pèlerinage des Vierzehnheiligen (les Quatorze Intercesseurs).
Le pays étant en quelque sorte saturé d'églises, le XIXe siècle se tourna vers la construction d'édifices temporels monumentaux, de rues entières. Les rois bavarois dotèrent leur capitale, Munich, d'édifices de style néo-classique. Le Nationaltheater (Opéra), le Königsbau (édifice royal) de la Résidence, la Ludwigstraße avec ses somptueux édifices datent de l'époque du roi Louis Ier. La Maximilianstraße, et le Maximilianeum – le Parlement bavarois – ont été construits sous Maximilien II et la Prinzregentenstraße sous le prince régent Luitpold.
Louis II a été le seul à ne pas construire grand-chose à Munich. Ses châteaux se trouvent dans des endroits reculés de Haute-Bavière: le château de Neuschwanstein près de Füssen, le château de Linderhof dans la vallée de Graswang du massif de l'Ammer et le château de Herrenchiemsee sur une île du Chiemsee.

Des repères culturels: de la prière de Wessobrunn au Cavalier bleu

Eloquente Bavière, est-on tenté de dire lorsque l'on considère sa production littéraire. Une production qui, examinée de plus près, révèle également que la Bavière a su conserver au cours des siècles ses particularités et développer des formes littéraires spécifiques. Un des premiers ouvrages en langue allemande a été un dictionnaire latin, l'«Abrogans» réalisé sous les auspices de l'évêque Arbeo de Freising et auquel celui-ci a ajouté un commentaire en allemand. Jusqu'à la sécularisation, la culture fut le fait des couvents, mais aussi des cours princières et des minnesingers.

stucco work, by the brothers Cosmas Damian and Egid Quirin Asam, can justly be described as a complete work of art. Three works of genius by J. M. Fischer are the Diessen church on Lake Ammer, Ottobeuren, and Rott am Inn. And then there is the Wies church, a late work by Dominikus Zimmermann, and perhaps the greatest masterpiece of all. Balthasar Neumann worked in the Bamberg and Würzburg region of northern Bavaria. One of his many great buildings is the pilgrimage church of Vierzehnheiligen (the Fourteen Saints of Intercession).
As Bavaria was by that time provided with an ample sufficiency of churches, the 19th century concerned itself more with secular monumental buildings, with the construction of whole ensembles and streets. The Bavarian kings adorned their capital, Munich, with classicistic buildings. The National Theatre, the Royal Wing of the Palace, Ludwigstraße, with its prestigious buildings, and Königsplatz date back to King Ludwig I. Maximilianstraße, and the Maximilianeum – the Bavarian Diet – were erected under Maximilian II, and Prinregentenstraße under Prince Regent Luitpold. Ludwig II was the only king who built hardly anything in Munich – his palaces are to be found in the remoter parts of Upper Bavaria: Neuschwanstein Castle near Füssen, Linderhof Palace in the Graswang Valley near Oberammergau, and Herrenchiemsee Palace on an island in Lake Chiem.

Cultural landmarks: from the Wessobrunn Prayer to the Blue Rider

Eloquent is the first word to spring to mind in reference to Bavaria's literary output. But, beyond that, a study of Bavarian literature also reveals that, because the country has succeeded in preserving its own independent character throughout the centuries, specifically Bavarian literary forms have been developed. One of the very early books in the German language was a Latin dictionary, the "Abrogans", compiled in about 765 under the auspices of Bishop Arbeo of Freising, who also provided it with a German commentary. It was the church in general, but the monasteries in

die Minnesänger. Im Wessobrunner Gebet, im Muspilli, im Ezzolied und neben vielem anderen im Nibelungenlied stoßen wir auf unvergeßliche Werke. Wie erschütternd zeitnah wirkt doch der Muspilli, das fragmentarische Gedicht von den letzten Dingen, wenn man dort liest: »... so inprinnant die perga,/ poum histentit, enihc in erdu,/ aha artrucknent/ ... mano vallit,/ primit mitti lagart (die Berge brennen, die Bäume verschwinden von der Erde, die Flüsse vertrocknen, der Mond fällt, und schließlich brennt der ganze Erdkreis)«. Es ist die Vision eines unbekannten Verfassers, die schaudern macht, wenn man an unsere Umweltprobleme denkt, die Frage stellt sich: Sind wir nicht bereits im Sog dieser Weissagung?
Es sprengte den Rahmen dieses Buches, wollte man aufzählen, was alles an Predigten, Legenden, Minneallegorien, Lehrdichtung, Schwankerzählungen, medizinischen Traktaten, Gesetzestexten und Chroniken die bayerische Literatur bereichert. Hingewiesen sei nur auf eines der großen literarischen Denkmäler, auf die »Historia de duabus civitatibus« des Freisinger Bischofs Otto.
Die tragenden Säulen der Literatur des 16. Jahrhunderts waren der Humanismus und die Reformation. Die Städte wurden nun zu Stätten der Literatur; so die Reichsstädte in Schwaben und Franken und die Residenzstadt der Wittelsbacher in Oberbayern, München. Professoren und Philosophen griffen zur Feder. Namhafteste Vertreter dieser Zeit sind Johannes Aventinus mit der »Baierischen Chronik«, Sebastian Frank aus Donauwörth mit pantheistisch-mystischen Beschreibungen und Hans Sachs mit seinen Fastnachtsspielen und didaktischen, erzählenden Sprüchen.
Mit der Reformation orientierten sich die protestantisch beeinflußten Städte mehr am Norden, die katholischen mehr am Süden und Westen Europas. Das wirkte sich unmittelbar auf die Literatur aus, so zum Beispiel, daß die Barockliteratur im protestantischen Nürnberg, wo die Pegnitz-Schäfer die literarische Szene bestimmten, sich Sachsen und Hamburg anzugleichen versuchte. Die Altbaiern hingegen, katholisch

La Prière de Wessobrunn, le Muspilli, un poème en ancien haut-allemand, le chant d'Ezzo, un chanoine de Bamberg, et les Chansons des Nibelungen sont autant d'œuvres capitales dans l'histoire de la littérature allemande. Et combien le Muspilli (un poème fragmentaire sur la fin du monde) paraît d'une actualité bouleversante aujourd'hui. N'y lit-on pas: «... les montagnes brûlent, les arbres disparaissent de la terre, le cours des rivières s'assèche, la lune tombe et le monde entier se consume.» C'est la vision d'un auteur inconnu qui nous fait frémir lorsque nous songeons à nos problèmes d'environnement et la question se pose: ne sommes-nous pas déjà en train de réaliser cette prophétie?
Cela dépasserait évidemment le cadre de ce livre que de vouloir énumérer tous les sermons, légendes, poèmes allégoriques, didactiques, fabliaux, traités médicaux, textes juridiques et chroniques qui ont enrichi la littérature bavaroise. Un des grands monuments littéraires doit toutefois être mentionné: l'«Historia de duabus civitatibus» de l'évêque Otto de Freising.
L'humanisme et la Réforme ont été les piliers de la littérature du XVIe siècle. Les villes devinrent de hauts lieux de la littérature; ainsi les villes impériales en Souabe et en Franconie et Munich, la capitale des Wittelsbach en Haute-Bavière. Professeurs et philosophes se mirent à écrire. Les représentants les plus connus de cette époque sont Johannes Aventinus avec sa «Chronique bavaroise», Sebastian Frank de Donauwörth avec ses descriptions panthéistes-mystiques et Hans Sachs avec ses farces allégoriques jouées lors du Carnaval et ses poèmes anecdotiques et didactiques.
A partir de la Réforme, les villes sous influence protestante se sont plus tournées vers le nord tandis que les villes catholiques s'orientaient plus vers le sud et l'ouest de l'Europe. L'effet se fit sentir en littérature, ainsi par exemple dans la façon avec laquelle les écrivains de la littérature baroque de la ville protestante de Nuremberg tentèrent de se conformer à la Saxe et à Hambourg. Les Anciens Bavarois, par contre, catholiques comme ils l'étaient et le sont

particular, plus the princely courts and minnesingers that upheld culture through the centuries until the secularization of 1803.
The Wessobrunn Prayer, in Bavarian dialect with an alliterative poem and a prose prayer; Muspilli, an Old High German poem; Ezzo's Song, a strophic hymn; and the Nibelunglied, an heroic epic: these are all early milestones in the history of German literature. How movingly "modern" the Muspilli (Fire of Purgatory) seems, when we read: "... the mountains burn, the trees disappear from the earth, the rivers dry in their beds, the moon falls, the whole wide world is consumed." This is the vision of an unknown artist which can make us shudder today when we think of our environmental problems, and the question arises: are we not already in the process of fulfilling the prophecy?
It would burst the bounds of this book to try to list all the sermons, legends, allegorical love lyrics, didactic poems, fabliaux, medical tracts, legal texts, and chronicles that have added colour to Bavarian literature. Just one of the great literary monuments might be mentioned: the "Historia de duabus civitatibus", a history of the world, by the 12th century Bishop Otto of Freising.
Humanism and the Reformation were the mainsprings of literature in the 16th century, and the focal points of literary activity shifted to the cities: the free imperial cities in Swabia and Franconia, and Munich, the capital of the Wittelsbachs in Bavaria. Professors and philosophers, too, now took up the pen. The best-known representatives of this period are Johannes Aventinus, with his "Bavarian Chronicle", Sebastian Frank of Donauwörth, with his pantheistic-mystical writings, and Hans Sachs of Nürnberg, with his Shrovetide plays and didactic anecdotal verses.
From the Reformation onwards, the towns under Protestant influence orientated themselves more towards the north, while the Catholic towns looked more towards the south and west, of Europe. This had a direct effect on literature – as, for example, in the way in which the Baroque writers in Protestant Nürnberg

wie sie waren und blieben, stellten sich nun voll auf die Eigenart ihres Landes und ihrer Bevölkerung ein. Das wiederum verleiht ihrer Barockliteratur Züge des Volkstümlichen, der Wärme, der Einheitlichkeit. Zu den namhaften Literaten jener Zeit zählen die Dichter Jacob Balde, Jakob Biedermann, der Vollender des Jesuitendramas, und Johannes Kuen, ein bedeutender Lyriker des katholischen Südens. Die geistlich betonten Strömungen dieser Literatur wirkten trotz der bald einsetzenden Aufklärung bis zur Säkularisation. Die Literatur der Aufklärung wird von den Herausgebern des »Parnassus Boicus«, den drei Geistlichen Gelasius Hieber, Agnellus Kandler und Eusebius Amort angebahnt. Ein großes Ziel der Aufklärung wurde durch die Gründung der Bayerischen Akademie der Wissenschaften in München 1759 erreicht, in der auch Sprache und Dichtkunst stets gepflegt wurden und werden.
Literarischer Mittelpunkt blieb München mit Männern wie Ludwig Fronhofer, Andreas Zauper, Anton von Buchner und den zentralen Figuren Leo von Westenrieder und Johann Michael Sailer. Speziell Sailer als geistlicher Schriftsteller traf den Ton der Zeit und wurde mit Literaturpreisen ausgezeichnet.
Während nun in Altbayern auch die Literatur der Aufklärung von den Geistlichen getragen wurde, war in den Reichsstädten Schwabens das Patriziat die bestimmende Schicht. Eine hervorragende Gestalt in Augsburg war Sophie von La Roche, deren erster Roman »Geschichte des Fräuleins von Sternheim« bis heute Bedeutung behalten hat.
Wie in Schwaben vertraten auch in Altbayern Geistliche die Mundartdichtung, die vorwiegend für die Gebildeten geschrieben wurde, so zum Beispiel Johann Michael Kagerer. Und in Nürnberg wirkte Conrad Grübel mit fränkischen Mundartgedichten. – Daneben entwickelte sich gerade im Altbayerischen eine besondere Art von Volksdichtung, wozu neben den Kirchenliedern die Schnadahüpfl und andere Spott- und Neckliedern zu rechnen sind.
Nürnberg, das im 17. Jahrhundert groß herausgekommen war, wurde um 1800 von Städten

encore, respectèrent entièrement le caractère de leur pays et de sa population, ce qui donna à leur littérature baroque un certain caractère populaire, de la chaleur et de l'homogénéité. Parmi les écrivains en renom de cette époque, on compte le poète Jacob Balde, Jakob Biedermann, un écrivain jésuite, et Johannes Kuen, un éminent poète du Sud catholique. Malgré la proximité du Siècle des lumières, la littérature fut imprégnée de ces courants spirituels jusqu'à la sécularisation. La voie de la littérature du Siècle des lumières fut tracée par les éditeurs du journal «Parnassus Boicus», trois ecclésiastiques, Gelasius Hieber, Agnellus Kandler et Eusebius Amort. Un des grands objectifs de cette époque fut atteint avec la fondation de l'Académie des sciences bavaroise à Munich en 1759 qui s'occupait également et s'occupe toujours d'encourager la langue et la poésie allemandes. Munich resta un centre littéraire avec des hommes comme Ludwig Fronhofer, Andreas Zauper, Anton von Buchner et des personnalités comme Leo von Westenrieder et Johann Michael Sailer. Ecrivain religieux, ce dernier en particulier sut trouver le ton de son époque et fut récompensé par des prix littéraires. Alors que dans l'Ancienne Bavière la littérature du Siècle des lumières était également aux mains du clergé, dans les villes impériales libres de Souabe les patriciens donnaient le ton. Une personnalité importante à Augsbourg fut Sophie von La Roche, dont le premier roman «L'histoire de Mademoiselle von Sternheim» est resté une œuvre d'importance.
Comme en Souabe, les membres du clergé de l'Ancienne Bavière, comme par exemple Johann Michael Kagerer, maintinrent également la tradition de la poésie en dialecte écrite essentiellement à l'intention des personnes cultivées. A Nuremberg, Conrad Grübel écrivit en dialecte franconien. Dans le même temps, un genre particulier de poésie populaire se développait, en Ancienne Bavière précisément, et qui comprenait à la fois des cantiques et différentes sortes de chansons satiriques. Nuremberg, qui avait pris de l'importance au XVIIe siècle, fut dépassée vers 1800 par des

tended to orientate themselves on Saxony and Hamburg. The Old Bavarians, on the other hand, who were solidly Catholic, took the character of their people and the countryside as their points of reference, which lent the Baroque literature of Old Bavaria a certain popular quality, warmth, and homogeneity. The noted writers of the period included the poet Jacob Balde, Jakob Biedermann, a Jesuit who wrote influential plays reminiscent of Calderón, and Johannes Kuen, an important poet of the Catholic south. Despite the fact that the Age of Reason or Enlightenment was rapidly approaching, the spiritual message of this literature continued to have an effect right up to the secularization. The ground for the literature of the Enlightenment was broken by the editors of the journal "Parnassus Boicus", the three clergymen Gelasius Hieber, Agnellus Kandler, and Eusebius Amort, whose aim was to "introduce and encourage the sciences and the arts in Bavaria". One of the great objectives of the Enlightenment was achieved when the Bavarian Academy of Sciences – which has also always promoted the German language and poetry – was founded in Munich in 1759. Munich, with men like Ludwig Fronhofer, Andreas Zauper, Anton von Buchner, and the leading figures Leo von Westenrieder and Johann Michael Sailer, remained Bavaria's literary centre. As a religious writer, Sailer, in particular, was in tune with the times, and was awarded numerous literary prizes. Whereas, in Old Bavaria, the literature of the Enlightenment, too, was in the hands of the clergy, in the free imperial cities of Swabia the patricians led the way. An outstanding figure in Augsburg, for example, was Sophie von La Roche, whose first novel, "The Story of Miss von Sternheim" is still an important work.
As in Swabia, the clergy in Old Bavaria – Johann Michael Kagerer, for example – also upheld the tradition of dialect poetry and writing, which was largely aimed at the educated class. And in Nürnberg, Conrad Grübel wrote poetry in the Franconian dialect. Parallel to this, a special type of folk poetry developed, in particular in Old Bavaria, which included both hymns and

Höhepunkte mitten in der Provinz
Mit dem Neubau der Klosterkirche St. Georg und St. Martin in Weltenburg am Donaudurchbruch begannen die Brüder Cosmas Damian und Egid Quirin Asam nach 1716 ihre Karriere. Besonders die märchenhaft-theatralischen Lichteffekte fesseln die Besucher.

Curiosités au cœur de la province
La carrière des frères Cosmas Damian et Edgard Quirin Asam a débuté en 1716 avec la construction de l'église de l'abbaye de Weltenburg près de la gorge du Danube. Les effets de lumière sont particulièrement fascinants.

Provincial highlight
The careers of the brothers Cosmas Damian and Egid Quirin Asam began here when they built the new monastery church at Weltenburg by the Danube Gorge from 1716. The stunning light effects are one of its most outstanding features.

wie Ansbach, Coburg oder Bayreuth überflügelt. Man denke nur an den Wunsiedeler Jean Paul, auf den Bayreuth als Frankens größten Dichter stolz war und ist. Und war bis Anfang des 19. Jahrhunderts die altbayerische Literatur am Süden und Westen orientiert, so wandte sich nun München dem Norden zu, ja, es wurde zu einem Mittelpunkt der deutschen Literatur.
König Max II., der zwar keine allzu enge Bindung an den Norden wünschte, jedoch die Wissenschaft und Poesie des Nordens bewunderte, holte aus anderen Regionen außerhalb Bayerns berühmte Männer nach München, so zum Beispiel die Dichter Emanuel Geibel und Paul Heyse, den Theatermann Dingelstedt und den Übersetzer Friedrich von Bodenstedt.
Einheimische und Zugereiste bestimmten gemeinsam den literarischen Kurs. Und der kunstinteressierte König lud Nordlichter und Bayern zu seiner Artus-Runde, einem Symposion, in die Residenz ein. Dort frönte man nicht nur der Wissenschaft und Kunst, sondern auch dem Bier und dem Wein. Und München blühte literarisch auf: sogar der Nobelpreis kam 1910 an die Isar. Ob aber Paul Heyse zu Recht damit ausgezeichnet wurde, ist eine umstrittene Frage.
Die politischen Ereignisse des ausgehenden 19. Jahrhunderts, die Situierung der Universität und der Kunstakademie nahe dem Siegestor in München und damit in der Nähe Schwabings machten diesen einstigen Münchner Vorort zum literarischen »Künstlerhaus«. Dort traf man Thomas Wolf, Henrik Ibsen, den Franken Michael Georg Conrad, der den Naturalismus ankurbelte. Es regnete gewissermaßen eine Flut von Zeitschriften, für die immer dieselben Autoren schrieben. Unter seinem Pseudonym Peter Schlemihl war auch Ludwig Thoma am Werk. Und dann tauchen bis zum Beginn des Ersten Weltkriegs Namen auf, die nicht erst ausführlich dargestellt werden müssen. Da sind zu nennen: Thomas Mann, Karl Kraus, Rainer Maria Rilke, Ringelnatz, Stefan George, Karl Wolfskehl, Franziska Gräfin zu Reventlow, Heinrich Lautensack, Max Halbe.
Das Schwabing, das damals als typisch münchnerisch galt, wurde eigentlich von Nichtbayern

villes comme Ansbach, Coburg ou Bayreuth grâce à des hommes comme le romancier Jean-Paul dont Bayreuth continue d'être fier. Si jusqu'au début du XIXe siècle, la littérature de l'Ancienne Bavière fut orientée vers le sud et l'ouest, Munich commença à se tourner vers le nord et devint un centre de la littérature allemande.
Le roi Max II, qui certes ne souhaitait pas entretenir des relations trop étroites avec le Nord tout en en admirant les sciences et la poésie, fit venir à Munich des personnalités célèbres de régions extérieures à la Bavière, comme par exemple les poètes Emanuel Geibel et Paul Heyse, le directeur de théâtre Dingelstedt et le traducteur Friedrich von Bodenstedt. L'orientation littéraire fut dictée à la fois par des talents locaux et importés. Et le roi, qui aimait les arts, invita des Bavarois et des gens du Nord à assister aux symposiums dans son palais où l'on ne s'intéressait pas seulement aux sciences et à l'art mais où l'on s'adonnait également aux plaisirs procurés par la bière et le vin. Munich devint une ville florissante sur le plan littéraire et produisit même un Prix Nobel en 1910 bien que la question de savoir si Paul Heyse méritait vraiment cette distinction demeure litigieuse.
Les événements politiques de la fin du XIXe siècle, l'installation de l'université et de l'école des Beaux-Arts près de Schwabing firent de cet ancien faubourg de Munich une sorte de Montmartre littéraire où l'on pouvait rencontrer des gens comme Thomas Wolf, Henrik Ibsen, et le Franconien Michael Georg Conrad, un des représentants du naturalisme. On y trouvait une foule de journaux avec des articles toujours écrits par les mêmes. Sous le pseudonyme de Peter Schlemihl, Ludwig Thoma, y apportait également sa contribution. Puis, au cours des années qui précédèrent la Première Guerre mondiale, surgirent des noms qui n'ont pas besoin d'être présentés plus avant: Thomas Mann, Karl Kraus, Rainer Maria Rilke, Ringelnatz, Stefan George, Karl Wolfskehl, la comtesse Franziska zu Reventlow, Heinrich Lautensack, Max Halbe.
L'atmosphère de Schwabing, qui à cette époque était considérée comme typiquement

various kinds of bantering or satirical verses and songs.
Nürnberg, which led the way in Franconia in the 17th century, was surpassed in about 1800 by towns such as Ansbach, Coburg, or Bayreuth, thanks to the likes of Jean Paul, who is still a local literary hero in Bayreuth. And, while Old Bavarian literature had been orientated towards the south and the west until the beginning of the 19th century, Munich now began to look more to the north, and became one of the main literary centres of Germany as a whole.
King Max II, who came to the throne in 1848, was not keen on all-too close ties with the north, but nevertheless admired its scientific and literary achievements, invited distinguished men from outside Bavaria to Munich – the poets Emanuel Geibel and Paul Heyse, for example, the theatre director Dingelstedt, and the translator Friedrich von Bodenstedt. The literary trend was dictated by a combination of local and imported talents. And the King, who took great interest in the arts, invited both Bavarians and northeners to his palace symposia, at which the sciences and arts were discussed, and beer and wine flowed in plenty. Literary Munich flourished, even attracting a Nobel Prize – although whether Paul Heyse really deserved it is still a matter of debate.
The political events towards the end of the 19th century, and the siting of the University and the Academy of Art near Schwabing, made this one-time suburb into Munich's literary Montmartre, frequented by people like Thomas Wolf, Henrik Ibsen, and the Franconian Michael Georg Conrad, an exponent of naturalism. There was a wide range of journals – although the contributors were always the same. Ludwig Thoma, for example, worked for them under the pseudonym Peter Schlemihl. And then, in the years leading up to the first world war, comes a whole series of names which need no introduction: Thomas Mann, Karl Kraus, Rainer Maria Rilke, Ringelnatz, Stefan George, Karl Wolfskehl, Franziska Countess zu Reventlow, Heinrich Lautensack, Max Halbe.

geprägt. Aber es gab auch bedeutende »Landeskinder« darunter, so Ernst Penzoldt und Leo Weismantel aus Franken, Bert Brecht und Ludwig Ganghofer aus Schwaben und den Altbayern Ludwig Thoma. Diesem literarischen Leben bereitete der Nationalsozialismus ein Ende.
Nicht zu vergessen die Malerei: Das München des 19. Jahrhunderts war eine Stadt der Maler und der Malstile. Namen leuchten auf wie Peter Cornelius, Moritz von Schwind, Carl Spitzweg, Eduard Grützner, Franz von Stuck, Karl Rottmann, Franz von Lenbach und viele andere. Die Spannweite der Stile reichte vom Klassizismus und der Romantik über Biedermeier und Gründerzeit zum Impressionismus und Jugendstil. Georg von Dillis war einer der ersten Freilichtmaler. Bunt wie eine Palette war sein Leben. Über den Priesterberuf kam er zur Malerei, brachte es zum Inspektor der neuen kurfürstlichen Galerie im Hofgarten, gab sich der Landschaftsmalerei hin, wurde Professor für Landschaftsmalerei, zwischendurch geadelt. Die Professur gab er wieder auf, weil er, so seine Begründung, es »unter solchen Menschen« – ursprünglich schrieb er »Kulturbestien« – nicht aushalten könne. 1822 wurde er zum Kgl. Central-Galeriedirektor ernannt. Bei alldem blieb er doch vor allem Maler. Als solchen aber verschwieg ihn das 19. Jahrhundert, ließ ihn erst das 20. auferstehen.
Am Ende des 19. Jahrhunderts tauchte in München ein Malschüler auf, der nicht daran gedacht hatte, Maler zu werden, dem eine wissenschaftliche Karriere vorbestimmt gewesen zu sein schien: Wassily Kandinsky. Ein tiefgreifendes Erlebnis stimmte ihn um, die Begegnung mit einem Bild von Monet, betitelt »Heuhaufen«, auf einer impressionistischen Ausstellung in Petersburg. Dazu Kandinsky: »Daß das ein Heuhaufen war, belehrte mich der Katalog. Dieses Nichterkennen war mir peinlich. Ich fand auch, daß der Maler kein Recht habe, so zu malen. Ich empfand dumpf, daß der Gegenstand in diesem Bild fehlt, und merkte mit Erstaunen und Verwirrung, daß das Bild nicht nur packt, sondern sich unverwischbar in das

munichoise, fut en fait en grande partie le produit de non-Bavarois. Mais des «autochtones» y apportèrent également leur contribution, ainsi Ernst Penzoldt et Leo Weismantel de Franconie, Bert Brecht et Ludwig Ganghofer de Souabe et un autre écrivain du folklore bavarois, Ludwig Thoma. Les nazis mirent fin à cette vie littéraire.
La peinture ne doit pas être oubliée: le Munich du XIXe siècle fut une ville des peintres et des styles de peinture. Parmi les nombreux peintres célèbres de cette époque, on peut citer Peter Cornelius, Moritz von Schwind, Carl Spitzweg, Eduard Grützner, Franz von Stuck, Karl Rottmann, Franz von Lenbach. L'éventail des styles allait du classicisme et du romantisme jusqu'à l'impressionnisme et le style 1900 en passant par le style de la Restauration et de l'époque de la révolution industrielle allemande. Georg von Dillis, un des premiers peintres en plein air, eut une vie aussi colorée que sa palette. D'abord prêtre, il devint peintre, fut nommé conservateur de la nouvelle Galerie du prince-électeur dans le Hofgarten, se consacra à la peinture de paysages, devint professeur pour la peinture de paysages et annobl . Il renonça au professorat parce que, disait-il, il ne pouvait supporter d'être «parmi de tels gens» – il avait d'abord écrit de «telles brutes de la culture». En 1822, il fut nommé directeur général des Galeries royales. Il n'en demeura pas moins avant tout un peintre mais il fallut attendre le XXe siècle pour que son talent soit pleinement reconnu.
A la fin du XIXe siècle arriva à Munich un élève peintre qui n'avait pas songé à devenir peintre car il semblait voué à une carrière scientifique: Wassily Kandinsky. Un événement important l'avait fait changer d'orientation: une rencontre avec un tableau intitulé «Meule de foin» de Monet dans une exposition consacrée à l'impressionnisme à Saint-Petersbourg. Kandinsky avait dit à ce sujet: «Le catalogue me disait que c'était une meule de foin mais cela m'ennuyait de ne pas l'avoir reconnu. Je trouvais aussi que le peintre n'avait pas le droit de peindre de cette façon. Je sentais confusément qu'il n'y

The Schwabing atmosphere, which at that time was regarded as typical of Munich, was in fact largely shaped by non-Bavarians. But important contributions were also made by "locals": by Ernst Penzoldt and Leo Weismantel from Franconia, Bert Brecht and Ludwig Ganghofer from Swabia, and the Old Bavarian Ludwig Thoma. This literary life was brought to an end by the Nazis.
Munich became closely associated with painting in the 19th century, when it was a city of painters and painting styles. Peter Cornelius, Moritz von Schwind, Carl Spitzweg, Eduard Grützner, Franz von Stuck, Karl Rottmann, and Franz von Lenbach are only some of the famous names of that period. The spectrum of styles ranges from Classicism and Romanticism via Biedermeier, and Late Victorian, to Impressionism and Art Nouveau. Georg von Dillis, one of the first plein air painters, led a life as colourful as his palette. At first a priest, he later became a painter, was made Custodian of the new Electoral Gallery in Munich, devoted himself to landscape painting, of which he became a professor, and was knighted. He relinquished his professorship because, as he put it, he "could not stand being among such people" – "such people" being a milder form of what he originally wrote: "cultural beasts". In 1822 he was made Director General of the Royal Galleries. He always remained primarily a painter, but it was not until our own century that his talent was fully appreciated.
At the end of the 19th century a student of painting turned up in Munich: Wassily Kandinsky. He had hitherto studied law, economics and anthropology, but was converted to the arts by a profound experience: an encounter with a picture called "Haystack" by Monet, at an exhibition of Impressionist art in Petersburg. Kandinsky: "The catalogue told me that it was a haystack. I was embarrassed at not having recognized it for what it was, and I also felt that the artist really had no right to paint like that. It seemed to me that the painting had no recognizable subject matter, but noticed with amazement and confusion that it not only

Industriestandort mit ländlicher Fassade
Der Weßlinger See, ein Toteissee, ist der kleinste der fünf Seen im Landkreis Starnberg. Hinter der malerischen Fassade verbirgt sich ein wichtiger Industriestandort: In Weßling-Oberpfaffenhofen haben die Flugzeugwerke Dornier und die Deutsche Forschungs- und Versuchsanstalt für Luft- und Raumfahrt ihren Sitz. Die Wasserfontäne am rechten Bildrand hängt mit einer Tiefwasserbelüftungsanlage zusammen, die täglich 120 Kilogramm Sauerstoff in die tieferen Wasserschichten drückt.

Un site industriel avec une façade rurale
Le lac de Wessling est le plus petit des cinq lacs du district de Starnberg. La pittoresque façade abrite un important complexe industriel: Wessling-Oberpfaffenhofen est le siège des usines Dornier et du Centre de la recherche aérospatiale allemande. La fontaine sur la droite est liée à un système d'aération des eaux souterraines qui envoie 120 kilos d'oxygène par jour dans les profondeurs.

Industrial site with rural façade
Lake Wessling, a dead-ice lake, is the smallest of the five lakes in the district of Starnberg. The picturesque façade conceals an important industrial complex: Wessling-Oberpfaffenhofen is the seat of the Dornier Aircraft Works and the German Aerospace Research Centre. The fountain on the right is caused by a deep-water aerating system which pumps 120 kilograms of oxygen per day into the depths.

Gedächtnis einprägt, immer ganz unerwartet bis zur letzten Einzelheit vor den Augen schwebt. Das alles war mir unklar, und ich konnte die einfachen Konsequenzen dieses Ergebnisses nicht ziehen.« Und doch hat er sie gezogen. Schon ein Jahr später beschloß er, Maler zu werden, war zunächst im Jugendstil verwurzelt, malte dann 1910 das Bild, das die große Umwälzung hin zur abstrakten Malerei einleiten sollte, und gründete 1911 mit Franz Marc den »Blauen Reiter«, eine Vereinigung zunächst impressionistisch beeinflußter, dann abstrakter Maler. Der Name leitet sich von einem Bild Kandinskys ab.

Land der Spiele und des Klangs

Der Kulturstaat Bayern lag in den zwölf Jahren Nationalsozialismus wohl brach, doch seither bietet Bayern viel und Vielfältiges. Wir finden eine ausgesprochene Theaterlandschaft vor, in der Landeshauptstadt von internationalem Rang: Staatsoper, Bayerisches Staatsschauspiel und das Theater am Gärtnerplatz. Daß diese Theater nach ihrer Zerstörung durch den Zweiten Weltkrieg wiederhergestellt werden konnten, ist mit das Verdienst der theaterbesessenen Bürger Bayerns. Sie scheuten kein Opfer. Einen breiten Rahmen nehmen in Bayern die Festspiele ein, seien es die weltbekannten wie die in München, Bayreuth oder die vielen oft von Laien aufgeführten Burgfestspiele. Häufig haben sie einen historischen Hintergrund wie zum Beispiel die Landshuter Fürstenhochzeit. Das Spiel erinnert an die Hochzeit des jungen Herzogs Georg V. mit der polnischen Königstochter Hedwig. Mit diesem Fest klang die glanzvolle Zeit Landshuts im Mittelalter aus. Das Spiel heute, alle vier Jahre aufgeführt, soll eine Vorstellung davon vermitteln.

Der bayerische Festspielplan enthält auch Spiele, die religiösen Charakter haben. Dabei denkt man sofort an das Oberammergauer Passionsspiel. Wer aber kennt das Passionsspiel von Waal, das älteste Bayerns? Ich stieß darauf, als ich mit einem Freund im Ostallgäu unterwegs war; ein Plakat hatte uns aufmerksam gemacht. Wir fuhren hin. Südöstlich von Buchloe

avait pas d'objet dans ce tableau mais je constatais avec étonnement et confusion que non seulement celui-ci me frappait mais également qu'il s'imprimait dans ma mémoire et réapparaissait de façon inattendue devant mes yeux et ceci jusque dans le moindre détail. Tout cela n'était pas clair pour moi et je ne pouvais pas tirer une conclusion simple de cette expérience.» Et pourtant il devait la tirer. Car un an plus tard seulement, il décidait de devenir peintre, tout d'abord dans le style 1900 puis, en 1910, il réalisa le tableau qui allait le mener à la peinture abstraite. En 1911, il fonda avec Franz Marc, le «Blauer Reiter», un groupe de peintres qui d'impressionnistes devinrent abstraits. Le nom Der Blaue Reiter (Le Cavalier bleu) vient d'un tableau de Kandinsky.

Le pays des festivals et de la musique

La venue des nazis paralysa pendant douze ans la vie culturelle en Bavière, mais depuis l'Etat bavarois a recouvré sa diversité et sa vitalité. On trouve à Munich d'excellents théâtres d'un niveau international: l'Opéra, le théâtre de la Résidence (Residenztheater-Bayerisches Staatsschauspiel), le théâtre d'Etat de la Gärtnerplatz. La reconstruction de ces théâtres détruits pendant la Deuxième Guerre mondiale témoigne de la passion des Bavarois pour le théâtre.

Les festivals occupent également une place importante en Bavière – qu'il s'agisse aussi bien des plus célèbres d'entre eux comme ceux de Munich ou de Bayreuth que de ceux nombreux souvent réalisés par des amateurs. Ceux-ci ont souvent une toile de fond historique comme le festival de Landshut qui rappelle le mariage du prince héritier Georges de Landshut avec la princesse polonaise Hedwige. Ces noces princières eurent lieu à la fin de la période de gloire de Landshut. Le festival, qui a lieu tous les quatre ans, donne une idée de la splendeur médiévale.

Le programme des festivals bavarois contient également des festivals à caractère religieux. On songe ici immédiatement à la Passion d'Oberammergau. Mais qui connaît celle de

gripped one, but also remained fixed in the memory, always quite unexpectedly reappearing in all its details before the mind's eye. It was all very unclear to me, and I could not draw the simple conclusion from this experience." And yet he did draw it. Only a year later he decided to become a painter, at first in the Art Nouveau style. Then, in 1910, he painted a picture which pointed the way towards abstract art, and, in 1911, together with Franz Marc, founded the "Blauer Reiter" a group of painters whose works, at first impressionistic, became increasingly abstract. The name Der Blauer Reiter (The Blue Rider) derives from one of Kandinsky's paintings.

Bavaria: pageants, festivals, and music

The advent of the Nazis put an end to true cultural life in Bavaria for twelve years, but since then the Federal State has completely recovered its cultural vitality. There is no lack of excellent theatres, some of them of international rank: the State Opera, the Bavarian State Theatre, the Gärtnerplatz Theatre, and the Kammerspiele, all in Munich. The reconstruction of these theatres after their destruction in the second world war exemplifies the Bavarians' love of the theatre.

Festivals play an important part in Bavaria's cultural life – the famous ones such as those in Bayreuth or Munich, and the many others, which frequently take the form of pageants with amateur performers, often with an historical background, like the Landshut Prince's Wedding, presented every four years in commemoration of the wedding of the young Duke Georg V and Princess Hedwig of Poland. The original wedding took place when Landshut's great age was coming to a close, and the pageant recalls some of its medieval splendour.

A number of the Bavarian festivals are religious in character. The most famous is, of course, the Oberammergau Passion Play. But there are others, including that at Waal, Bavaria's oldest. I "discovered" it while travelling in eastern Allgäu with a friend: we saw a poster advertising it

ist der kleine beschauliche Markt in idyllisch-ländlicher Umgebung. Zu unserer Überraschung stießen wir auf ein für einen Ort solcher Größe ungewöhnliches Passionsspielhaus. Dort wurde geprobt, denn eine Premiere stand bevor. Die Probe wurde für uns, die wir daran teilnehmen durften, zum Erlebnis.
Über hundert Dorfbewohner wirkten in der Passion mit, spielten mit der Ungezwungenheit der Laien, getragen von einer tiefen Religiosität, ihre Rollen. Wer nicht auf der Bühne stand, saß ruhig beobachtend im Zuschauerraum. Etwas von der Ruhe des Dorfes lag über der Probe, die der Bildhauer und Regisseur Kobell leitete. Wie sehr die Dorfbewohner ihre Passion verinnerlicht hatten, war am Verhalten eines alten Mannes erkennbar, der uns erzählte, er sei glücklich, daß er am Abend seines Lebens noch einmal mitspielen dürfe, und zwar auf seine Bitte hin nicht mehr in der Rolle des Judas, die er immer gespielt hatte; er wolle, so sagte er ernst, als solcher nämlich nicht sterben. Nachdenklich verließen wir den Ort. Die Premiere haben wir erlebt und dabei festgestellt, daß im Gegensatz zu Oberammergau Waal seine Passion nicht vermarktet, das Dorf sich nicht dem Tourismus angepaßt hatte. Spiel und Leben: in Waal gehen beide ineinander über.
Dem politischen Geschehen widmen sich die Kabarettisten, jene Nachfahren der großen Komiker, wie sie einst die Landeshauptstadt mit einem Karl Valentin und einer Liesl Karlstadt zu bieten hatte. Scharfzüngig geißeln sie politische Mißstände, soziales Fehlverhalten. Namen wie Gerhard Polt, Dieter Hildebrandt, ein gebürtiger Schlesier, Werner Schneyder, ein gebürtiger Österreicher, die Biermösl Blosn, Sigi Zimmerschied, Bruno Jonas, Lisa Fitz oder Ottfried Fischer lenken die Aufmerksamkeit auf sich und durch ihr Programm auf das, was Anstoß erregt. – Der Thespiskarren, das ist gegenwärtig festzustellen, ist in Bayern in voller Fahrt.
Nicht weniger gut ist es in Bayern um die Pflege der Musik bestellt. Da spielt das Land voll auf. Mit der Bayerischen Staatsoper, mit bedeutenden Orchestern wie den Bamberger

Waal, la plus ancienne de Bavière? Je l'ai découverte en voyageant avec un ami dans l'est de l'Allgäu: une affiche nous y avait rendus attentifs. Nous nous y rendîmes.
Waal est une petite localité pittoresque située dans un environnement idyllique au sud-est de Buchloe avec un théâtre de la Passion d'une grandeur inhabituelle pour un si petit endroit.
On y répétait car une première approchait. Ces répétitions, auxquelles nous assistâmes, furent pour nous une expérience inoubliable.
Plus d'une centaine d'habitants du village y participaient et tous jouaient avec la désinvolture de l'amateur et animés d'une profonde piété. Ceux qui n'étaient pas justement en scène regardaient et observaient le tout dans le calme. On avait l'impression qu'un peu de la tranquillité du village planait sur la répétition. Combien les habitants du village participaient intimement à cette Passion nous fut révélé par l'attitude d'un vieil homme qui nous dit sa joie de pouvoir encore jouer au soir de sa vie et non plus, comme il l'avait demandé, dans le rôle de Judas, qu'il avait toujours joué, car comme il ajouta avec sérieux, il ne voulait pas mourir comme tel. Nous avons vu la première et constaté que, contrairement à Oberammergau, Waal n'a pas commercialisé sa Passion, que le village n'a pas fait de concessions au tourisme. A Waal, le jeu de la Passion et la vie de tous les jours vont de pair.
Les événements politiques sont commentés à leur manière par les chansonniers, ces successeurs des grands comiques comme Karl Valentin et Liesl Karlstadt que comptait autrefois la capitale bavaroise. Avec humour, ils décortiquent la situation politique et dénoncent les abus. Des chansonniers comme Gerhard Polt, Dieter Hildebrandt (originaire de Silésie), Werner Schneyder (Autrichien de naissance), le groupe du Biermösl Blosn, Sigi Zimmerschied, Bruno Jonas, Lisa Fitz ou Ottfried Fischer dénoncent avec brio dans leur programme ce qu'ils considèrent comme des absurdités. Le théâtre connaît incontestablement aujourd'hui une période florissante en Bavière.

and decided to go there. Waal is a picturesque market town near Buchloe, to the west of Munich, with an unusually large Passion Theatre for such a small place. The première was looming, rehearsals were on, and watching one proved an unforgettable experience. There were over a hundred performers involved, and they played with all the uninhibitedness of the amateur, inspired by a profound piety. Those not immediately required on the stage sat in the auditorium, watching with quiet interest. The whole rehearsal seemed to take on something of the tranquillity of the atmosphere in the little market town. The extent to which the local people are involved in the Passion was revealed by an old man who told us how happy he was that he had lived long enough to participate once again in the performance – and, at his own request, not in the role of Judas, which he had otherwise always played, because, as he put it, he did not want to die as a Judas. We stayed for the première, and afterwards we mused on the difference between Waal and Oberammergau: unlike its more famous counterpart, Waal has not commercialized its "product" at all, the village has made no concessions to tourism. In Waal the Passion and everyday life form a natural unity.
Political events are the target of a number of successful cabarets – successors of the great comedians such as Karl Valentin and Liesl Karlstadt who in the first half of this century injected humour into Munich's theatre life. The cabaret artistes employ wit and sarcasm to expose political and social abuses. Performers such as Gerhard Polt, Dieter Hildebrandt (a Silesian by birth), Werner Schneyder (an Austrian), the Biermösl Blosn group, Sigi Zimmerschied, Bruno Jonas, Lisa Fitz, or Ottfried Fischer do a brilliant job of highlighting what they see as evils or absurdities. – The theatre is undoubtedly flourishing in Bavaria at present.
The same can be said of music. With the Bavarian State Opera, distinguished orchestras such as the Munich Philharmonic, the Bavarian Radio Symphony Orchestra, and the Bamberg

Symphonikern, den Münchner Philharmonikern, dem Symphonieorchester des Bayerischen Rundfunks, mit hervorragenden Chören wie den Regensburger Domspatzen, dem Tölzer Knabenchor, mit rund 1800 Blaskapellen, Laienorchestern, Chören, Musikantengruppen kann es sich hören lassen. So gibt es Konzertreihen an historischen Stätten, in Klöstern also und Schlössern, wo höfische und geistliche Musik Urständ feiern. Einer der berühmtesten Komponisten unseres Jahrhunderts, Richard Strauss, ist in München geboren und verbrachte sein ganzes Leben in Oberbayern. Und Wege eines neuen Musiktheaters wurden von Carl Orff und Werner Egk angebahnt. Beide wirken sie über die Grenzen Bayerns hinaus. – Nicht zu vergessen der Münchner Komponist Karl Amadeus Hartmann, der die Vereinigung Musica Viva gründete, um die zeitgenössische Musik zu fördern.

Gepflegt werden auch Volkslied und Volksmusik. Der Kiem Pauli war es, der von 1920 bis 1930 dem verkitschten Jodler seine gesammelten Volkslieder entgegensetzte und damit die Herzen seiner Landsleute eroberte. Sängergruppen und Volksmusik breiten sich heute überraschenderweise aus. Die Stubnmusi, meist ein Quartett mit Zither, Hackbrett, Gitarre und Ziehharmonika oder Harfe, kann viele Liebhaber um sich sammeln.

Sehr beliebt sind Volkstänze, wie sie am 1. Mai oder zur Kirchweih aufgeführt werden. Das musikfreudige Bayern war es, das als erstes der Länder der Bundesrepublik 1978 einen zusammenhängenden Entwicklungsplan für alle Bereiche der Musikerziehung erstellte. Auch dies zeigt, welchen Wert man in Bayern der Musik beimißt.

Il en est de même de la musique. Avec l'Orchestre national bavarois, avec des orchestres réputés comme l'Orchestre symphonique de Bamberg, la Philharmonie de Munich, l'Orchestre symphonique de la Radiodiffusion bavaroise, d'excellents chœurs comme celui des petits chanteurs de la cathédrale de Ratisbonne, les «Domspatzen», le chœur des petits chanteurs de Tölz, quelque 1800 fanfares, orchestres d'amateurs, chœurs et autres groupes musicaux, les traditions musicales de la Bavière sont fort bien entretenues. De nombreux concerts ont lieu dans des édifices historiques de sorte que la musique revient souvent sur les lieux de ses origines, les monastères et les châteaux. L'un des compositeurs les plus célèbres de ce siècle, Richard Strauss, est né à Munich et a passé toute sa vie en Haute-Bavière et deux des pionniers de l'opéra contemporain dont l'influence a dépassé les frontières du pays étaient bavarois: Carl Orff et Werner Egk, sans oublier le compositeur munichois, Karl Amadeus Hartmann, le fondateur de la société Musica Viva pour la diffusion de la musique contemporaine.

La musique populaire est également très vivante. Kiem Pauli, un collectionneur passionné de chants folkloriques, a conquis les cœurs de ses compatriotes lorsqu'il a publié les résultats de ses travaux en 1934. Fait surprenant, les groupes de chanteurs et de musiciens folkloriques sont aujourd'hui en augmentation. Les ensembles instrumentaux, généralement un quartette composé d'une cithare, d'un tympanon, d'une guitare et d'un accordéon ou d'une harpe, sont très en vogue.

Les danses folkloriques sont aussi très populaires, surtout le 1er mai et lors des fêtes patronales. En 1978, la Bavière a été le premier des Länder allemands à lancer un programme de promotion de l'éducation musicale à tous les niveaux, une preuve supplémentaire de l'importance accordée à la musique en Bavière.

Symphony Orchestra, outstanding choirs such as the Regensburg Domspatzen (the Cathedral Choir), the Tölz Boys' Choir, about 1,800 brass bands, amateur orchestras, choirs, and a variety of other music groups, Bavaria's musical tradition is being more than upheld. Many concerts are put on in historical buildings, so that music often returns, as it were, to its place of origin – the monasteries and palaces. One of this century's most famous composers, Richard Strauss, was born in Munich, and spent his whole life in Upper Bavaria, and two of the pioneers of contemporary opera, whose influence extended well beyond the country's borders, were Bavarians: Carl Orff and Werner Egk – not to forget the Munich composer Karl Amadeus Hartmann, who put his home-town on the map of modern music with his "Musica Viva" concerts.

Folk music is also very much alive. Kiem Pauli, a dedicated folksong collector, struck a great blow for genuine folk music when he published the results of his work in 1934, and captured the hearts of his fellow Bavarians. Groups of folk singers and musicians are, surprisingly, on the increase today. A frequent instrumental combination is zither, dulcimer, guitar, and accordeon or harp.

Folk dancing is also very popular, especially on 1st May and during religious festivals. In 1978, Bavaria became the first of the German federal states to initiate a programme to promote musical education at all levels: another indication of the key role that music plays in Bavaria.

Wessobrunner Gebet
Mitten im Ort Wessobrunn steht ein Findling unter einer uralten Linde. Darauf ist das Wessobrunner Gebet, eines der ältesten deutschen Sprachdenkmäler, zu lesen. Von dem einst mächtigen Kloster blieb wenig erhalten, wie zum Beispiel der herrlich stuckierte Gang im Fürstentrakt.

La prière de Wessobrunn
Au milieu de Wessobrunn, sous un très vieux tilleul, se trouve une roche dans laquelle est gravée la Prière de Wessobrunn copiée d'un manuscrit du IXe siècle. La merveilleuse galerie des Princes ornée de stucs est un des rares témoignages de la splendeur passée de l'ancienne abbaye.

The Wessobrunn Prayer
In the village of Wessobrunn is a rock with the Wessobrunn Prayer carved on it – copied from a 9th century manuscript now in the Bavarian State Library. Not much remains of the once powerful monastery, but the splendid stucco-work in the Princes' Gallery recalls some of the former glory.

Herr und Meister
Hohenaschau, im Kern aus dem 13. Jahrhundert, wirkt fast wie eine Märchenburg.
Herr in der rein romanischen Kirche in Altenstadt ist der »Große Gott von Altenstadt«.
▶▶ *Auch die Herrgottsschnitzer haben den Oberammergauer Ruf in alle Welt getragen.*
Das Haus in Unterammergau zeigt, daß der Lüftlmaler seinen Beruf meisterhaft verstand.

Seigneur et maître
Le château de Hohenaschau, dont certaines parties datent du XIIIe siècle.
Le «Grand Dieu d'Altenstadt», dans l'église romane d'Altenstadt.
▶▶ *Les sculpteurs d'Oberammergau ont une réputation mondiale.*
Cette maison à Unterammergau offre un bel exemple de fresques.

Lord and master
Hohenaschau Castle, parts of which date back to the 13th century.
The "Great God of Altenstadt" in the Romanesque church in Altenstadt.
▶▶ *The Oberammergau master woodcarvers have a worldwide reputation.*
Unterammergau: a fine example of the frescoes to be found on many houses in the Alpine region.

Haus und Hof
Das Anwesen bei Marktredwitz, der altertümlichen Stadt am Südostrand des Fichtelgebirges, steht an einem typischen Gänseweiher, Nährgrund für die »Kirchweihgans«.
Die Bauernstube gehört zum Museum in Illerbeuren, einem Dorf im Dorfe. Alte Bauernhäuser, die abgebrochen werden sollten, fanden hier eine neue Heimat.

Ferme
Cette ferme près de Marktredwitz, une ville ancienne sur la bordure sud-est du Fichtelgebirge, a un «étang à oies» typique.
Une pièce du musée en plein air à Illerbeuren, un village dans le village. Les vieilles fermes qui devaient être détruites ont été reconstruites ici.

Farmstead
This farmstead near Marktredwitz, on the southeast fringe of the Fichtel Mountains, has a typical "goose pond" – here apparently usurped by the farmer's ducks.
Farmhouse parlour in the open-air museum at Illerbeuren, where farmhouses due for demolition have found a new home.

Abgeerntet
Ein wenig verloren wirken die Zigeunerkreuze inmitten der abgeernteten Felder.
Der stattliche Mühlreisighof steht in dem bekannten Hopfenanbaugebiet um Spalt. Das »grüne Gold«, der Hopfen, ist bereits eingebracht. Trocknen könnte man ihn nach alter Sitte unter dem mehrstöckigen, gut belüfteten Dach.

Après la récolte
Les «croix de gitans» semblent un peu perdues au milieu des champs moissonnés.
Une imposante ferme dans la célèbre région de houblon autour de Spalt. «L'or vert», le houblon, a déjà été récolté et pourrait être séché, à la manière ancienne, sous le toit à plusieurs étages bien aéré.

After the harvest
"Gypsy crosses", looking rather forlorn in the middle of the bare fields.
An imposing farmhouse in the well-known hop-growing area around Spalt. The "green gold", as the hops are called, has already been harvested, and could still be dried in the old way under the multi-tiered, well-ventilated roof.

Sankt Leonhard, der »Bayerische Herrgott«
Dieser Ehrenname hebt den Heiligen aus der Reihe der 14 Nothelfer hervor. Leonhard, der um das Jahr 500 als Mönch in Frankreich lebte und starb, galt im Mittelalter als Patron der Gefangenen und wird deshalb oft mit einer Kette dargestellt. Heute gibt es Pferdewallfahrten zu seinen Ehren wie in Bad Tölz. Die Mönche fahren in einem Truhenwagen.

Saint Léonard, le «Seigneur bavarois»
Léonard, un ermite du VIe siècle qui a vécu et est mort en France, passait au moyen âge pour le patron des prisonniers et est ainsi souvent représenté avec une chaîne. Aujourd'hui, on organise des processions à cheval en son honneur comme à Bad Tölz. Les moines s'y rendent dans une charrette tirée par des chevaux.

St Leonard, a popular saint in Bavaria
In the Middle Ages Leonard was regarded as the patron saint of prisoners, and is therefore often depicted with a chain. In Bavaria he is revered as the patron saint of animals, and processions are held in a number of places on his feast day during which horses are blessed. The monks here are riding on a horse-drawn cart.

Festgeschrieben
Bei St. Englmar im Bayerischen Wald stößt man auf diese eindrucksvollen Totenbretter. Auf ihnen wurden früher die Toten aufgebahrt.
In der Bibliothek des Klosters Metten »tragen« Atlantenpaare die Decke, deren Fresken jeweils auf das Sachgebiet des Bücherschranks darunter verweisen.

Noir sur blanc
Ces impressionnantes planches funéraires – où l'on plaçait autrefois les morts – se rencontrent près de St. Englmar dans la Forêt Bavaroise. – Dans la bibliothèque de l'abbaye de Metten, des atlantes soutiennent le plafond dont les fresques indiquent chaque fois la matière du rayon au-dessous.

Black on white
These funerary boards – on which the dead used to be laid out – are displayed near St Englmar in the Bavarian Forest.
In the library of Metten Monastery pairs of atlantes support the ceiling, whose frescoes indicate the subject matter covered in the bookcases directly beneath them.

Bayer sein und bayerisch leben

Bayern im Sinne der Zugehörigkeit zum Land, zum Freistaat Bayern, bestehen aus einer »Dreieinigkeit« aus Franken, Schwaben und Altbayern. Betrachtet man jedoch ihre Stammeszugehörigkeit, dann sind sie nicht ganz so eins, haben sie noch viel Eigenes bewahrt. Zwar sollte man sich der Gefahr der Verallgemeinerung bei der Feststellung der Unterschiede bewußt bleiben, trotzdem mein Versuch kurzer Charakterisierungen.
Was am Altbayern immer noch als das Besondere auffällt, ist sein Hang zum Musischen, seine Neigung zum Künstlerischen und seine Spielfreudigkeit, wie sie sich im Volkstheater äußert. Politisch gesehen liegt ihm ein Staat, der sich repräsentativ darzustellen versteht, ohne daß er, der Altbayer, der Staatshörigkeit verfällt – wie er auch unter den Herzögen, Kurfürsten und Königen nicht untertänig war. Äußerlich tritt der Oberbayer sehr selbstbewußt, auch herausfordernd auf, was ihm wohl den Vorwurf vom »groben Bayern« eingetragen hat, oder er gibt sich, seiner aber sehr bewußt, mehr zurückhaltend. Wer sein Ohr der bayerischen Volksmusik leiht, wer den geselligen Bayern auf Feiern oder am Biertisch erlebt, dem fällt es nicht schwer, den »groben Altbayern« aus seinem Urteil zu streichen.
In den Grundwesenszügen anders zeigt sich der Schwabe. Er neigt mehr zur Eigenwilligkeit, will eher für sich sein. Das wird deutlich an den Einödhöfen, die von Kempten aus als Vereinödungsprogramm initiiert wurden. Der Hof abseits des Dorfes in freier Landschaft war das Ziel. Wurde das in Schwaben bereitwillig

Les Bavarois: qui sont-ils?

En tant qu'Etat, la Bavière est une «trinité» composée de la Franconie, de la Souabe et de l'Ancienne Bavière, celle-ci comprenant les districts administratifs de la Haute- et de la Basse-Bavière et du Haut-Palatinat. Mais, en dépit de leur unité politique, les habitants de ces régions ont conservé une grande partie de leurs particularités que je vais essayer de décrire au risque de généraliser.
Deux des caractéristiques les plus frappantes des habitants de l'Ancienne Bavière sont leur penchant pour les arts et leur amour du théâtre qui s'exprime dans le succès des pièces de théâtre populaire. Politiquement parlant, ils sont pour un Etat qui a du prestige sans pour autant être des citoyens dociles et serviles, ce qu'ils ont d'ailleurs montré du temps des ducs, princes-électeurs et rois. En apparence, le Haut-Bavarois est très sûr de lui, ce qui lui vaut parfois d'être qualifié de «rude», mais cette assurance lui permet aussi d'être réservé. Mais si l'on écoute de la musique folklorique bavaroise, si l'on observe les Bavarois lors de fêtes ou dans les brasseries, on se rend compte que cette réputation de rude n'est nullement méritée.
Le Souabe est différent. Il a plutôt tendance à être un individualiste, un solitaire. Le fait d'ailleurs qu'en Souabe les fermes soient disséminées plutôt que groupées autour ou dans un village comme dans l'Ancienne Bavière l'atteste. Dans ses rapports avec les autres, le Souabe est plus réservé, plutôt sceptique et il ne met pas volontiers cartes sur table. Mais une fois mis en confiance, c'est un partenaire sur lequel on

Who are the Bavarians?

As a state, Bavaria consists of the "trinity" of Franconia, Swabia, and Old Bavaria, which, as already pointed out, comprises the administrative districts of Upper and Lower Bavaria, and the Upper Palatinate. But politically united though they are, the Swabians, Franconians, and Old Bavarians have nevertheless preserved many of their individual characteristics – which, despite the dangers of generalizing, I should like to try and describe in potted form.
Two of the most striking features of the people of Old Bavaria are their delight in the arts, and their love of the theatre, expressed at grass-roots level in the many amateur drama groups. Politically speaking, the Old Bavarian likes a state that puts up a good front, although he is by no means a meek and credulous citizen – as was already made clear under the dukes, electors, and kings. On the surface, the Upper Bavarian is very self-confident, even cocky, so that for some other Germans, "Bavarian" is synonmous with "rough", but, in fact, the Bavarian's self-confidence also enables him to be quietly reserved. Anyone who listens to Bavarian folk music, meets Bavarians at parties or at pubs, for example, will soon realize that "rough" is very much an untenable generalization.
The Swabian is basically quite a different type. He tends to be more of an individualist, likes to be alone. This is well illustrated by the fact that in Swabia the farmhouses are scattered across the countryside in indivdual sites rather than being grouped in or around villages, as is typical of Old Bavaria. In his dealings with others,

aufgegriffen, so fand es in Altbayern keinen Anklang.
Im Umgang mit anderen ist der Schwabe zurückhaltender, eher skeptisch und läßt sich ungern in die Karten schauen. Doch hat man ihn einmal für sich gewonnen, ist er ein zuverlässiger Partner. Den Unterschied zwischen den Altbayern und den Schwaben vermag eine Gegenüberstellung von Tanz, Kleidung und Haus, wie sie Hans Frei traf, zu verdeutlichen: So wirkt der altbayerische Ländler forsch gegenüber dem schwäbischen Schreit- und Reigentanz, ist die altbayerische Tracht auffälliger gegenüber der gedeckteren Kleidung der Schwaben, sind die Häuser in Altbayern dekorativer, farbenprächtiger als die schlichteren der Schwaben.
Bleibt noch der Franke. Ihn wiederum zeichnen Zähigkeit und damit verbunden das Hängen am Althergebrachten aus. Andererseits sind Franken auch wandlungsfähig, aufgeschlossen für Neues. Als starker Wesenszug tritt sein Gemeinschaftssinn hervor, der vom gemeinsamen Leben bis zur Dorfgemeinschaft reicht, der in der Pflege kirchlichen und weltlichen Brauchtums durchschimmert. Wirft jemand in München die Frage auf, warum die Polizeipräsidenten dort meistens aus Franken kommen, antwortet man ihm lächelnd: »Weil der Franke der härteste unter den bayerischen Volksstämmen ist.«
Seit dem Zweiten Weltkrieg gibt es eine weitere bayerische Gruppe, die Heimatvertriebenen und Flüchtlinge. Bayern hat sie zunächst nicht ohne »Geburtswehen« integriert. Doch längst sind sie in ihrer neuen Heimat heimisch geworden und haben sie um ihr Können und Wissen bereichert, wie an Neugablonz und ähnlichen Neugründungen zu sehen ist.
Das Leben der bayerischen Stämme war und ist wieder stark brauchtumsgeprägt. Es gab eine Zeit, da war es verpönt, sich mit alten Bräuchen zu befassen. Es hieß, das widerspreche dem Rationalismus unserer computergesteuerten Zeit. Jetzt aber ist Brauchtum gewissermaßen wieder in Mode gekommen, fast unübersehbar. Es begleitet das menschliche Leben von der Geburt bis zum Tod, es führt durch das

peut compter. La différence entre les habitants de l'Ancienne Bavière et ceux de la Souabe est illustrée par une comparaison de leurs danses, de leurs costumes et de leurs maisons telle que l'a faite Hans Frei. Ainsi les danses des premiers sont plus entraînantes que celles des seconds, les costumes régionaux de l'Ancienne Bavière plus voyants que ceux des Souabes, les maisons de l'Ancienne Bavière plus ouvragées, plus colorées que celles des Souabes.
Il reste le Franconien. Celui-ci se caractérise par sa ténacité et son attachement aux valeurs traditionnelles. Il n'en est pas moins ouvert aux changements et à la nouveauté. Son sentiment de solidarité est très fort et se manifeste par une nature sociable et la manière par laquelle les traditions se perpétuent dans les villages de la région. Chaque fois que l'on demande pourquoi le préfet de police à Munich est généralement un Franconien, on vous répond en souriant: «Parce que les Franconiens sont les plus durs des tribus bavaroises.»
Depuis la Deuxième Guerre mondiale, il existe un quatrième groupe en Bavière, celui des expulsés et des réfugiés des Sudètes et autres régions germanophones de derrière l'ex-rideau de fer. La Bavière ne les a pas intégrés sans mal mais entretemps ils se sont adaptés et sont tout à fait acceptés dans leur nouvelle patrie à la prospérité de laquelle ils ont apporté une contribution non négligeable.
La vie des tribus bavaroises a toujours été très influencée par les traditions et elle l'est à nouveau. Pendant un certain temps, les anciennes coutumes ne furent pas très bien vues car on les jugeait incompatibles avec le rationalisme de notre époque régie par les ordinateurs. Mais aujourd'hui le folklore est en quelque sorte redevenu à la mode et on le rencontre presque partout. Il accompagne le Bavarois de sa naissance à sa mort, suit l'année ecclésiastique. Il n'y a toutefois pas de place ici pour s'attarder sur ce qui remplirait des livres entiers. Cela commence avec les festivités du Nouvel An, les jeux pour dire la bonne aventure (Bleigießen), l'encensement des maisons, des étables et des granges pour chasser les

the Swabian is more reserved, rather sceptical, and reluctant to put his cards on the table. But once won over, he is a reliable partner. The difference between the Old Bavarian and the Swabian is illustrated by a comparison of the dances, clothing, and houses, as suggested by Hans Frei: thus the "Ländler", the typical Old Bavarian dance is much more vigorous than the rather stately Swabian dances, the Old Bavarian regional costumes more strinking and colourful than the Swabian, and the farmhouses in Old Bavaria more decorative, more colourful than their Swabian counterparts.
And what about the Franconian? He is characterized by tenacity and an accompanying fondness for traditional values, but is nevertheless versatile and open to new ideas. A striking feature of the Franconian is his sense of community, which is reflected in his sociability, and the way in which village traditions are upheld in the region. Whenever the question is raised of why the chief of police in Munich is usually a Franconian, the answer, given with a smile, is commonly: "Because the Franconians are the toughest of the Bavarian tribes!"
Since the end of the second world war, a fourth Bavarian group has joined the other three: the expellees and refugees from Sudetenland and other German-speaking areas east of the Iron Curtain. Integration was not altogether easy in the early phase, but they have in the meantime adjusted to, and become fully accepted, in their new homeland – and have made a major contribution towards Bavaria's present prosperity.
The life of the various Bavarian tribes was always strongly influenced by folklore and tradition – and now is again. For a time the old customs were looked down upon and thrust aside as being incompatible with the rationalism of our computer-controlled age. But now folklore has become fashionable again, and is met with almost everywhere. It accompanies a Bavarian from cradle to grave, following the ecclesiastical year. There is no room here for more than a rough outline of what that means. It begins with ceremonies welcoming in the

Kirchenjahr. Hier kann nur angetupft werden, was, sorgfältig dargestellt, Bücher füllen würde. Das beginnt am Jahresanfang mit dem Neujahranblasen, reicht vom Bleigießen als Zukunftsschau, vom Ausräuchern von Haus, Stall und Scheune mit Weihrauch in der letzten Rauhnacht, von den Sternsingern am Dreikönigstag, vom Schlenkeln der Dienstboten an Lichtmeß, von den Faschingsumzügen, dem Tanz der Marktfrauen, von der Starkbierzeit, vom Maibaum, Maitanz und den Maidulten, von Fronleichnamsprozessionen zu Land und Wasser, von Bergfesten bis zu Jahrmärkten, Kirchweihfesten, zum Oktoberfest, Almabtrieb, Weihnachtsbaum und Christkindlmarkt. Ein Füllhorn an erhalten gebliebenem Brauchtum. Dazu kommen noch die Trachten, die Volksmusik und der Volkstanz. Fast scheint es, als ob in Bayern nur gefeiert würde – aber wieder einmal trügt der Schein.

mauvais esprits la douzième nuit après Noël suivi de la coutume des Sternsinger le jour de l'Epiphanie – les enfants costumés en mages défilent dans les rues en portant une lanterne en forme d'étoile –; cela continue avec la Chandeleur, le jour où les domestiques étaient traditionnellement payés et avaient un jour de congé, les cavalcades du carnaval, les danses des marchandes des quatre-saisons, la saison de la bière forte, les arbres de mai, les processions de la Fête-Dieu sur terre et sur l'eau, les foires et les kermesses, les fêtes patronales, la fête de la bière à Munich, la descente des bêtes de l'alpage, l'arbre de Noël et le marché de Noël. Une série de festivités tout au long de l'année auxquelles il faut ajouter les costumes traditionnels, la musique et les danses populaires. On pourrait presque croire qu'en Bavière on passe son temps à fêter – mais une fois de plus l'apparence est trompeuse.

New Year, and with fortune-telling games; then there is the burning of incense in house, stables, and sheds on Twelfth Night to drive away unwelcome spirits, followed by the Star Singers at Epiphany; it continues at Candlemas, the day when farmhands and other servants were traditionally paid and had the day off to look for other employers or just to have a good time, with Carnival processions and Market Women's dances, with the strong beer season during Lent, maypole ceremonies, and Corpus Christi Day processions on land and water, with fairs and markets, church festivals, the Munich Oktoberfest, and the ceremonial driving of cattle down from the Alpine pastures in autumn; and it culminates in the traditional Christmas markets and Christmas tree: an annual round of intact folk customs. To this must be added the regional costumes, folk music and folk dancing. It almost appears as if Bavarian life were one long bout of festivals and celebrations – but, once again, appearances are deceptive!

Winterbräuche
Ist der Nürnberger Christkindlmarkt nun der schönste, der größte, der stimmungsvollste unter den deutschen Weihnachtsmärkten? – Gehen Sie hin, urteilen Sie selbst.
▶▶ Buttenmandl, heidnische Schreckgestalten als Nikolausbegleiter, ein wiederbelebter Brauch in Altbaiern.
Schellenrührer am Fasching in Mittenwald.

Coutumes hivernales
Le marché de Noël de Nuremberg est-il le plus beau, le plus grand, en Allemagne? Le meilleur moyen de répondre à cette question est d'y aller soi-même.
▶▶ St. Nicolas traverse les champs, le 6 décembre, en compagnie d'effrayants personnages.
Le carnaval à Mittenwald.

Winter customs
Is the Nuremberg Christmas market the most fascinating, the finest, in Germany? The only way of deciding is to go there and see.
▶▶ St Nicholas strides through the fields on 6th December, accompanied by various frightening figures.
Bell-ringers in Mittenwald during Carnival.

Viehscheid
Almabtrieb oder Viehscheid, wie hier im Allgäu bei Steibis, lockt jedes Jahr Tausende von Schaulustigen an. Senner und Vieh werden zur »Jagdbeute« der stets zahlreich anwesenden Fotografen.
St.-Maria-Himmelfahrt in Jenhausen, 1734 erbaut, entspricht in ihrer schönen Lage dem Idealbild einer oberbayerischen Kirche.

Descente de l'alpage
La descente de l'alpage, comme ici dans l'Allgäu près de Steibis, attire chaque année des milliers de curieux, pour la plupart armés d'appareils photo.
L'église de l'Ascension à Jenhausen, construite en 1734 sur un merveilleux site répond à l'image idéale d'une église de Haute-Bavière.

Bringing the cattle home
Driving the cattle down from the mountain pastures in autumn is an ancient ceremony mutated in many places into a prime tourist attraction.
The Church of the Assumption in Jenhausen, built in 1734, and its setting could hardly be more typical of Upper Bavaria.

Trachten zum Fest
Trachten sind bei den Damen in Schliersee und den Kindern in Tölz das festliche Bekenntnis zum Bauern- und Bayerntum.
Rund eine Million Pilger strömen übers Jahr zur »Lieben Frau von Altötting«. Devotionalienläden gehören zu einem Wallfahrtsort wie das Amen zum Gebet.

Costumes régionaux
Les femmes au Schliersee et les enfants à Tölz arborent avec fierté leurs costumes régionaux, signe de leur appartenance au monde paysan. – Un million de pèlerins environ visitent chaque année «Notre-Dame d'Altötting». Les magasins d'objets de piété font obligatoirement partie du décor.

Regional costumes
The ladies in Schliersee and the children in Bad Tölz proudly proclaim their rural origins in their clothes. About a million pilgrims visit "Our Lady of Altötting" every year, and many buy devotional mementoes – an inevitable adjunct to every place of pilgrimage.

Auf großer Fahrt
St. Leonhard gilt heute als Patron des Viehs, ganz besonders der Pferde. Wie ungebrochen die Verehrung des Heiligen ist, das zeigen die Bad Tölzer. Über 60 Vierergespanne und viele Einzelreiter beteiligten sich in den letzten Jahren an den Leonhardifahrten. Besonders dekorativ wirken dabei die Truhenwagen, alte, mit religiösen Motiven bemalte Wagen.

Procession à cheval
St Léonard est aujourd'hui le patron du bétail, et plus particulièrement des chevaux. Plus de 60 attelages de quatre chevaux et de nombreux cavaliers participent à la procession qui se déroule le jour de sa fête, le 6 novembre, à Bad Tölz. Les anciennes voitures décorées de motifs religieux sont du plus bel effet.

Religious festival
In Bad Tölz, St Leonard's Day is a full-scale folk festival, and "St Leonard's Ride" is attended by over 60 waggons drawn by four horses, and by many individual riders. The traditional regional costumes are worn, as on all feast days, and the carts and horses lovingly decorated with old religious motifs.

Vom Hochzeitsfest zum Weltvolksfest
Das Oktoberfest in München wirkt wie ein Sog auf die Weltbevölkerung. Es fließt nicht nur das Bier, sondern auch das Geld in Strömen. Seinen Ursprung hat das Fest mit der Hochzeit König Ludwigs I. mit Therese von Sachsen-Hildburghausen am 17. Oktober 1810.

La fête de la Bière
La fête d'Octobre à Munich attire des visiteurs venus du monde entiers. La bière, mais aussi l'argent, y coule à flots. – La fête a été instituée à l'occasion du mariage du futur roi Louis Ier avec Thérèse de Saxe-Hildburghausen le 17 octobre 1810.

Worldly festival
Munich's Oktoberfest attracts people from all over the world. The flow of beer and cash is enormous. The festival dates back to the celebrations accompanying the marriage of King Ludwig I of Bavaria and Therese von Sachsen-Hildburghausen on 17th October 1810.

ERDBEBEN

Ortsregister / Index alphabétique / Alphabetical Index

Die Seitenzahlen verweisen auf die Bildtexte.
Les numéros renvoient aux légendes / The page numbers refer to the captions.

Aggenstein 111
Allgäu, Allgäuer Alpen 32, 107, 111, 118
Altenstadt 169
Altmühl 128
Altötting 186
Ammer, Ammergebirge 130, 143
Andechs 126
Arber 86
Aschaffenburg 47
Augsburg 113

Bad Tölz 176, 186, 187
Bamberg 60
Bayreuth 60
Benediktbeuern 20, 149
Benediktenwand 20
Bogenberg 15
Breitachklamm 109
Breitenberg 111
Burghausen 151

Chiemsee 143
Coburg 57

Dinkelsbühl 60
Donau 69, 86

Ettal 133
Etting 10

Fladungen 53
Flossenbürg 74
Fränkische Schweiz 34, 47
Furth im Wald 70
Füssen 120

Garmisch-Partenkirchen 151
Gößweinstein 34

Haferlohrtal 48
Harburg 114
Herrenchiemsee 24
Herzogstand 146
Hindelang 32
Hinterstein 32, 37, 107
Hirschau 74
Hochries 151
Hohe Rhön 53
Hohenaschau 143, 169
Hohenschwangau 117

Illerbeuren 172
Ilz 86
Inn 86

Jenhausen 185
Jochberg 143

Kaisergebirge 151
Kallmünz 73
Kampenwand 143
Kappel 79
Karwendel 149
Kochelsee 13
Königssee 149
Kreuzberg 53

Landshut 92
Leitzachtal 38
Lindau 104
Linderhof 24, 146
Loisach 13

Maintal 57
Marktredwitz 172
Mespelbrunn 51
Metten 177
Mittenwald 32, 181
Mönchsleite 57
München 31, 40, 133, 136, 140, 141, 188
Murnau 34

Nebelhorn 111
Neubeuern 20
Neuburg am Inn 91
Neuschwanstein 117
Nürnberg 60, 181

Oberammergau 15, 169
Ottobeuren 103

Partnachklamm 151
Passau 86
Pfaffenwinkel 4
Pfahl 79

Raisting 40
Regensburg 79
Regental 73
Rhein-Main-Donau-Kanal 47, 128
Riegsee 34
Ries 109, 114
Rohrsee 13
Rothenburg 19, 65
Rothenfels 51
Rottal 15
Rupertiwinkel 37

Salzach 151
Sankt Englmar 177
Scheffau 14
Scheyerner Weiher 38
Schleierfälle 130
Schliersee 186
Schwaiganger 20
Schwaigsee 4
Seeg 120
Sommerhausen 57
Spalt 174
Speinshart 70
Spessart 48, 51
Starnberger See 143
Steibis 185

Trauchgau 143

Unterammergau 169

Vierzehnheiligen 57
Vilstal 73
Vohenstrauß 70

Walchensee 146
Waldsassen 74, 79
Watzmann 149
Weiden 74
Weltenburg 69, 159
Wessobrunn 167
Weßling 162
Wiesenttal 10
Wieskirche 133
Würzburg 53

Zugspitze 111, 130

Französische Fassung: Marlène Kehayoff-Michel
Englische Fassung: Desmond Clayton

Printed in Germany
Reproduktion: Otterbach Repro, Rastatt
Satz: Setzerei Lihs, Ludwigsburg
Druck: Mairs Graphische Betriebe, Ostfildern
Papier: 150 g/m² BVS
der Papierfabrik Scheufelen, Lenningen
Bindearbeiten: Sigloch Buchbinderei, Künzelsau
ISBN 3-89393-078-7

In unserer Bildbandreihe sind erschienen:

Ouvrages parus dans notre collection:

Our series of illustrated books includes the following titles: